W0300138

Nina Wilkening

(UN) Geliebte Grammatik

30 Lernspiele mit Merkregeln und Arbeitsblättern

Verlag an der Ruhr

Impressum

Titel
(Un)Geliebte Grammatik
30 Lernspiele mit Merkregeln und Arbeitsblättern

Autorin
Nina Wilkening

Illustrationen
Petra Lefin

Verlag an der Ruhr
Mülheim an der Ruhr
www.verlagruhr.de

Geeignet für die Klassen 5–7

Unser Beitrag zum Umweltschutz
Wir sind seit 2008 ein ÖKOPROFIT®-Betrieb und setzen uns damit aktiv für den Umweltschutz ein. Das ÖKOPROFIT®-Projekt unterstützt Betriebe dabei, die Umwelt durch nachhaltiges Wirtschaften zu entlasten.
Unsere Produkte sind grundsätzlich auf chlorfrei gebleichtes und nach Umweltschutzstandards zertifiziertes Papier gedruckt.

Ihr Beitrag zum Schutz des Urhebers
Das Werk und seine Teile sind urheberrechtlich geschützt. Jede Verwendung in anderen als den gesetzlich zugelassenen Fällen bedarf der vorherigen schriftlichen Einwilligung des Verlages. Im Werk vorhandene Kopiervorlagen dürfen vervielfältigt werden, allerdings nur für jeden Schüler der eigenen Klasse/des eigenen Kurses. Die Weitergabe von Kopiervorlagen oder Kopien an Kollegen, Eltern oder Schüler anderer Klassen/Kurse ist nicht gestattet.
Bitte beachten Sie die Informationen unter **schulbuchkopie.de**.
Der Verlag untersagt ausdrücklich das digitale Speichern und Zurverfügungstellen dieses Buches oder einzelner Teile davon im Intranet (das gilt auch für Intranets von Schulen und Kindertagesstätten), per E-Mail, Internet oder sonstigen elektronischen Medien. Kein Verleih. Zuwiderhandlungen werden zivil- und strafrechtlich verfolgt.

© Verlag an der Ruhr 2008
ISBN 978-3-8346-0453-8

Printed in Germany

Inhaltsverzeichnis

Vorwort (1/2)

(Un)Geliebte Grammatik

Wenn Erwachsene an den **Deutschunterricht** ihrer Schulzeit zurückdenken, überkommt sie vielfach ein Grauen. Diese Abscheu betrifft fast durchgängig die Bereiche Rechtschreibung und **Grammatik**. Oft erinnern sie sich daran, wie sie in langweiligen Stunden Regeln auswendig lernen und anwenden mussten. Als Hausaufgaben folgten meist Übungen, zu denen sie sich nur schwer aufraffen konnten. Auch heute hat sich in vielen Schulen nichts daran geändert: Grammatik ist den meisten Schülern verhasst.
Werden sie gefragt, weshalb dieses eigentlich interessante Gebiet der deutschen Sprache so verpönt ist, fällt schnell auf, dass es weniger an schwer zu begreifendem Stoff, sondern eher an langatmigen Lehr- und Lernformen liegt. Hauptanliegen dieser Mappe ist es daher, Ihnen aufzuzeigen, wie Sie Grammatikunterricht für Schüler* **lehrreich und trotzdem ansprechend gestalten können.**

Positiv Gelerntes hält besser

Seit Jahren ist bekannt, dass **Emotionen im Lernprozess** eine große Rolle spielen: Was mit positiven Gefühlen verbunden ist, wird einfacher aufgenommen und intensiver gespeichert.
Um diese Tatsache zu berücksichtigen, gibt es zwei Arten von Lernspielen:

- ✓ **Brett- und Kartenspiele**, die durch das gesellige Miteinander eine positive Wirkung entfalten und die Schüler motivieren, gewinnen zu wollen.
- ✓ **Bewegungsspiele**, die nicht nur Spaß machen, sondern auch auflockern und dem stundenlangen Sitzen und seinen negativen Folgen für die Gesundheit entgegenwirken.

Gesamtkonzept

Vergleichbare Materialien beinhalten oft nur Spielvorschläge für eine Phase des Unterrichts, etwa für einen motivierenden Einstieg, eine Zusatzaufgabe während einer Arbeitsphase oder für ein „Schmankerl" zum Stundenabschluss als Belohnung für das Durchhalten einer trockenen Grammatikstunde. Die restlichen Materialien muss sich der Lehrer oft mühsam dazusuchen.

Dieses Buch beinhaltet dagegen ein **Gesamtkonzept**:

- ✓ In den Erklärungen zu den einzelnen Spielen findet der Lehrer neben einer **Angabe zum Lernziel** auch eine **Merkregel**, die so formuliert ist, dass sie als Hefteintrag in ein Grammatikheft übernommen werden kann.
- ✓ Die **Angaben zur Vorbereitung** zeigen Ihnen, wie viel Arbeit Sie investieren müssen, um das Spiel durchführen zu können, und ob zusätzliche Materialien (z.B. ein Ball) gebraucht werden. Oft sind gar keine weiteren Vorbereitungen nötig, manchmal kann es sinnvoll sein, die Materialien zu laminieren, damit sie mehrfach verwendet werden können.
- ✓ Zu einigen Spielen gibt es zusätzliche **Arbeitsblätter**, die vertiefendes Üben ermöglichen.

* Aus Gründen der besseren Lesbarkeit haben wir in diesem Buch durchgehend die männliche Form verwendet. Natürlich sind damit auch immer Frauen und Mädchen gemeint, also Lehrerinnen, Schülerinnen etc.

Vorwort (2/2)

Zur besseren Übersicht sind die einzelnen Seiten mit **Symbolen** gekennzeichnet:

✓ bezeichnet die Seiten, auf dem die Spiele vorgestellt werden

✓ steht für Materialblätter, die der Lehrer zur Vorbereitung für die Spiele braucht. (Begriffskarten, Spielpläne, Würfelvorlagen o.Ä.)

✓ kennzeichnet Arbeitsblätter für die Schüler

Variable Einsatzmöglichkeiten

Die Spiele in dieser Mappe sind in mehrfacher Hinsicht variabel einsetzbar:
Die Materialien können als **Ergänzung zu Unterrichtseinheiten** aus dem Deutschbuch, aber auch als **eigenständige Einheit** verwendet werden. Zudem können einzelne Spiele oft auch auf andere Themen übertragen werden.

Sie erhalten einen reichen **Fundus an Spielen** für den gesamten Deutschunterricht. Im Inhaltsverzeichnis ist neben dem behandelten Grammatikthema immer auch der Name des Spieles angegeben, sodass Sie sich schnell orientieren können, wenn Sie ein Spiel suchen, dass Sie auf ein anderes Thema übertragen möchten.

Neben Spielen, die im **Plenum** mit der ganzen Klasse gespielt werden, gibt es einige, die **innerhalb einer Arbeitsphase** eines eher lehrerzentrierten Unterrichts eingesetzt werden können. Diese eignen sich darüber hinaus auch für die **Wochenplanarbeit** oder als **Station an einer Lerntheke**.
Viele Materialien können laminiert und im Anschluss an eine Unterrichtseinheit für **Freiarbeitsphasen** zur Verfügung gestellt werden.

Ich hoffe, dass Sie mit dieser Mappe die Vorbereitung und das Unterrichten von Grammatik erleichtert werden. Sie werden die Erfahrung machen, dass Schüler offener und positiver auf das Thema reagieren und so schneller und nachhaltiger lernen.

Nina Wilkening
Rinteln, 2008

Verben-Pantomime

Thema: Verben – Definition

Klassenstufe: ab Klasse 5

Sozialform: Plenum

Lernziel: Die Schüler sollen verschiedene Verben kennenlernen.

Merksatz: **Verben sind Wörter, die angeben, was jemand tut.**

Vorbereitung: Der Lehrer kopiert das Materialblatt „Begriffskarten Verben-Pantomime" (S. 7) und schneidet die Kärtchen aus.

Spielverlauf: Ein Schüler wird nach vorne gerufen. Der Lehrer zeigt ihm eine Wortkarte mit einem Verb. Der Schüler liest das Verb leise und stellt die Tätigkeit pantomimisch vor. Die anderen Schüler versuchen, die Tätigkeit zu erraten. Der Schüler, der richtig geraten hat, darf als Nächster ein Verb darstellen.

Anmerkungen/ Hinweise/ Variationen: Es können zwei Gruppen gebildet werden, die jeweils zeitlich begrenzt (z.B. eine halbe Minute/eine Minute lang) alleine spielen. Der Lehrer zählt, wie viele Verben von der jeweiligen Gruppe innerhalb der Zeit erraten wurden. Gewonnen hat die Gruppe, die am Ende die meisten Verben erraten hat. Hierfür sind eventuell noch zusätzliche Kärtchen zu erstellen.

© Verlag an der Ruhr | Postfach 10 22 51 | 45422 Mülheim an der Ruhr | www.verlagruhr.de | ISBN 978-3-8346-0453-8

Begriffskarten Verben-Pantomime

gehen	lachen	singen	pfeifen
weinen	trinken	malen	Rad fahren
wandern	essen	schlafen	rennen
schreiben	lesen	Gitarre spielen	tanzen
nachdenken	Rollschuh fahren	schwimmen	kochen
küssen	duschen	Wäsche aufhängen	rechnen
Gameboy spielen	Karate kämpfen	Zähne putzen	einkaufen
Auto fahren	Fenster putzen	sich lang-weilen	telefonieren

© Verlag an der Ruhr | Postfach 10 22 51 | 45422 Mülheim an der Ruhr | www.verlagruhr.de | ISBN 978-3-8346-0453-8

Menschen-Memory®

Thema: Gegensatzpaare

Klassenstufe: ab Klasse 5

Sozialform: Plenum

Lernziel: Die Schüler sollen gegensätzliche Verbpaare bilden.

Merksatz: **Verben sind Wörter, die angeben, was jemand tut.**

Vorbereitung: keine

Spielverlauf: Es werden zwei Schüler ausgewählt, die das Zimmer verlassen. In der Klasse sucht sich jeder Schüler einen Partner. Bei einer ungeraden Schülerzahl muss der Lehrer mitspielen.
Jedes Paar vereinbart, ein Tätigkeitspaar darzustellen, das gegensätzliche Verben ausdrückt: z.B. Partner 1 lacht – Partner 2 weint, Partner 1 schleicht – Partner 2 rennt usw.
Die beiden draußen Wartenden kommen wieder herein und rufen abwechselnd jeweils zwei Schüler auf, die ihre Tätigkeit vormachen. Wird ein zueinander passendes Schülerpaar aufgerufen, stellt es sich hinter den Schüler, der sie erraten hat. Es wird gespielt, bis alle Schülerpaare gefunden sind. Gewonnen hat der Schüler, der die meisten Paare hinter sich stehen hat.

Anmerkungen/ Hinweise/ Variationen: Die einfachere Variante besteht darin, dass die Schülerpaare keine gegensätzlichen Bewegungen machen, sondern dieselben. Diese Variante kann zur Einführung des Spiels angewendet werden.

© Verlag an der Ruhr | Postfach 10 22 51 | 45422 Mülheim an der Ruhr | www.verlagruhr.de | ISBN 978-3-8346-0453-8

Infinitiv-Bingo

Thema: Infinitiv

Klassenstufe: ab Klasse 5

Sozialform: Einzelarbeit (Vorbereitung, Spiel) und Plenum (Spiel)

Lernziel: Die Schüler sollen den Infinitiv eines konjugierten Verbs im Wörterbuch nachschlagen können.

Merksatz: **Im Wörterbuch findet man alle Verben im Infinitiv (der Grundform). Den Infinitiv bildet man, wenn man an den Wortstamm die Endung -en hängt, z.B. geh-en, lach-en, sag-en.**

Vorbereitung: Der Lehrer sucht 12–15 Verben aus dem Klassenwörterbuch heraus und notiert sich die jeweilige Seitenzahl. Die Schüler zeichnen eine Tabelle mit drei Spalten und drei Zeilen in ihr Heft.

Spielverlauf: Der Lehrer schreibt 12–15 konjugierte Verbformen an die Tafel/auf Folie. Die Schüler wählen 9 Verben aus, die sie in beliebiger Reihenfolge in die Tabelle schreiben, pro Kästchen ein Verb. Die Schüler schlagen innerhalb einer vorgegebenen Zeit die Verben nach und notieren sich die jeweilige Seitenzahl sowie die Infinitivform des Verbs (im Kästchen). Der Lehrer liest die Verben durcheinander vor. Die Schüler durchkreuzen jedes Kästchen, dessen Verb der Lehrer vorliest. Hat ein Schüler drei Kästchen in einer Reihe (senkrecht, waagrecht oder diagonal) angekreuzt, ruft er „Bingo" und lässt vom Lehrer kontrollieren, ob Infinitivform und Seitenzahl stimmen. Das Spiel ist beendet, wenn der erste Spieler alle neun Bingokästchen angekreuzt hat.

Anmerkungen/ Hinweise/ Variationen: Schneller geht es, wenn der Lehrer fertige Blanko-Bingovorlagen (Tabelle mit 3 x 3 Feldern) kopiert und an die Schüler verteilt.
Der Lehrer kann die Verben zu Beginn des Spiels vorlesen, sodass die Schüler die Formen zuerst mitschreiben müssen. Die ersten drei Schritte des Spiels können auch vorbereitend innerhalb der Wochenplanarbeit oder als Hausaufgabe (wenn in der Klasse ein einheitliches Wörterbuch angeschafft wurde) erledigt werden. Anstelle des Infinitiv-Bingos kann man auch Zeiten-Bingo spielen: Die Schüler müssen dabei die vorgegebenen Verbformen in eine andere Zeit setzen.

© Verlag an der Ruhr | Postfach 10 22 51 | 45422 Mülheim an der Ruhr | www.verlagruhr.de | ISBN 978-3-8346-0453-8

Stuhlfangen

Thema: Imperativ

Klassenstufe: ab Klasse 5

Sozialform: Plenum, Stuhlkreis

Lernziel: Die Schüler sollen den Imperativ verschiedener Verben bilden.

Merksatz: **Die Aufforderungsform von Verben heißt Imperativ. Sie wird gebildet, indem man im Singular an den Wortstamm die Endung -e (geh-e, kriech-e) oder im Plural an den Wortstamm die Endung -t (geh-t, kriech-t) hängt. Achtung: Ausnahmen sind möglich (geben – gib)!**

Vorbereitung: Die Klasse stellt einen großen Stuhlkreis (ein Stuhl weniger als Spieler) auf.

Spielverlauf: Ein Schüler wird ausgewählt, der sich in die Mitte des Kreises stellt, die anderen sitzen auf den Stühlen.
Der Schüler in der Mitte gibt den anderen Schülern Anweisungen im Imperativ. Die Schüler springen, schleichen durch den Innenkreis, rufen, pfeifen etc. Ruft der Schüler in der Mitte: „Sucht euch einen Platz!", versuchen alle, einen Stuhl zu ergattern. Derjenige, der keinen Platz gefunden hat, gibt die nächsten Kommandos.

Anmerkungen/ Hinweise/ Variationen: Besteht die Gefahr, dass ein Schüler in der Mitte zu lange Kommandos geben will, kann mit Hilfe eines Küchenweckers, der nach ein bis zwei Minuten klingelt, ein Zeichen gegeben werden, wann das Kommando „Sucht euch einen Platz!" spätestens ausgesprochen werden muss.

© Verlag an der Ruhr | Postfach 10 22 51 | 45422 Mülheim an der Ruhr | www.verlagruhr.de | ISBN 978-3-8346-0453-8

Imperativ

1. Bilde zu jedem Verb den Imperativ (die Befehlsform) im Singular und im Plural.

	Imperativ (Singular)	Imperativ (Plural)
lachen		
schreiben		
singen		
backen		
rechnen		
finden		
malen		
gehen		
hören		
fahren		
tanzen		
leben		
raten		
kaufen		
springen		
spielen		
hoffen		
schlafen		
freuen		

Achtung: Diese Verben haben besondere Imperativformen.
Merke sie dir gut!

geben	gib	gebt
lesen	lies	lest
sprechen	sprich	sprecht
nehmen	nimm	nehmt

2. Findest du noch weitere Verben mit besonderen Imperativformen? Übertrage die Tabelle in dein Heft, und schreibe sie darunter.

© Verlag an der Ruhr | Postfach 10 22 51 | 45422 Mülheim an der Ruhr | www.verlagruhr.de | ISBN 978-3-8346-0453-8

Imperativformen bei Verben mit Vorsilben

Bei Verben mit Vorsilben steht in einem Aufforderungssatz das Verb am Anfang, die Vorsilbe am Ende des Satzes.

Verbinde die Vorsilben mit den passenden Verben, und formuliere Aufforderungssätze!

hin		lassen	
nach		setzen	Setze dich bitte hin!
runter		fangen	
los		gehen	
rein		werfen	
an		fahren	
vorbei		geben	
ein		kaufen	
weg		schauen	
auf		schreiben	
ein		streichen	
an		räumen	

© Verlag an der Ruhr | Postfach 10 22 51 | 45422 Mülheim an der Ruhr | www.verlagruhr.de | ISBN 978-3-8346-0453-8

Konjugation mit Bewegung

Thema: Konjugation – Präsens

Klassenstufe: ab Klasse 5

Sozialform: Einübung im Plenum, später als Unterstützung in der Einzelarbeit einsetzbar

Lernziel: Die Schüler sollen sich durch unterstützende Bewegungen leichter die Konjugation von Verben einprägen.

Merksatz: **Wenn Verben in Sätzen gebraucht werden, muss aus der Grundform die Personalform gebildet werden (gehen – ich gehe); dieses Verfahren wird Konjugation genannt.**

Vorbereitung: keine

Spielverlauf: Zur Einübung führt der Lehrer die Bewegungen an einem Beispielverb vor. Gemeinsam werden verschiedene Verben konjugiert, wobei Lehrer und Schüler die Bewegungen ausführen und laut mitsprechen.

ich (Schüler zeigt auf sich)

du (Schüler zeigt auf Tischnachbarn)

er, sie, es (Schüler zeigt auf 3 Mitschüler)

wir (Schüler zeigt mit beiden Händen auf sich)

ihr (Schüler zeigt mit beiden Händen auf Mitschüler)

sie (Schüler deutet auf alle Mitschüler)

© Verlag an der Ruhr | Postfach 10 22 51 | 45422 Mülheim an der Ruhr | www.verlagruhr.de | ISBN 978-3-8346-0453-8

Verbentreffen Präteritum

Thema: Konjugation Präteritum (schwache Verben)

Klassenstufe: ab Klasse 6

Sozialform: Plenum

Lernziel: Die Schüler sollen Präteritumsformen von verschiedenen Verben bilden.

Merksatz: **Die Formen des Präteritums bildet man, indem an den Wortstamm die Endungen -te (ich machte), -test (du machtest), -te (er/sie/es machte), -ten (wir machten), -tet (ihr machtet), -ten (sie machten) angehängt werden. Wörter, bei denen man das Präteritum auf diese Weise bildet, nennt man schwache Verben.**

Vorbereitung: Die Kartenvorlagen „Karten für Verbentreffen Präteritum – Personalformkarten“ (S. 15) und „Karten für Verbentreffen – Verbenkarten“ (S. 16) werden kopiert und die Karten ausgeschnitten.
Der Lehrer stellt ein akustisches Signal (z.B. Klingel, Rassel etc.) bereit.

Spielverlauf: Jeder Schüler erhält zwei Karten: eine Verbkarte und eine Personalformkarte. Die Schüler laufen durch den Raum. Sobald der Lehrer das akustische Signal gibt, finden sie sich zu Paaren zusammen. Jeder zeigt dem anderen seine Personalformkarte und beide bilden mit ihrem Verb die passende konjugierte Form.
Beispiel:
Schüler A: Personalkarte: 3. Pers. Sing. Präteritum, Verbkarte: sagen
Schüler B: Personalkarte: 1. Pers. Pl. Präteritum, Verbkarte: lachen
Schüler A muss die Form „er/sie/es sagte“ bilden, Schüler B die Form „wir lachen“

Anmerkungen/ Hinweise/ Variationen: Es gibt eine zusätzliche Kopiervorlage „ Karten für Verbentreffen –alle Tempora –“ (S. 17) für das „Verbentreffen gesamte Konjugation“, die eingesetzt werden kann, wenn alle Zeiten eingeführt und geübt worden sind.

© Verlag an der Ruhr | Postfach 10 22 51 | 45422 Mülheim an der Ruhr | www.verlagruhr.de | ISBN 978-3-8346-0453-8

Karten für Verbentreffen Präteritum – Personalformkarten

1. Pers. Sing. Präteritum	2. Pers. Sing. Präteritum	3. Pers. Sing. Präteritum	1. Pers. Pl. Präteritum
2. Pers. Pl. Präteritum	3. Pers. Pl. Präteritum	1. Pers. Sing. Präteritum	2. Pers. Sing. Präteritum
3. Pers. Sing. Präteritum	1. Pers. Pl. Präteritum	2. Pers. Pl. Präteritum	3. Pers. Pl. Präteritum
1. Pers. Sing. Präteritum	2. Pers. Sing. Präteritum	3. Pers. Sing. Präteritum	1. Pers. Pl. Präteritum
2. Pers. Pl. Präteritum	3. Pers. Pl. Präteritum	1. Pers. Sing. Präteritum	2. Pers. Sing. Präteritum
3. Pers. Sing. Präteritum	1. Pers. Pl. Präteritum	2. Pers. Pl. Präteritum	3. Pers. Pl. Präteritum
1. Pers. Sing. Präteritum	2. Pers. Sing. Präteritum	3. Pers. Sing. Präteritum	1. Pers. Pl. Präteritum
2. Pers. Pl. Präteritum	3. Pers. Pl. Präteritum	1. Pers. Sing. Präteritum	2. Pers. Sing. Präteritum
3. Pers. Sing. Präteritum	1. Pers. Pl. Präteritum	2. Pers. Pl. Präteritum	3. Pers. Pl. Präteritum

© Verlag an der Ruhr | Postfach 10 22 51 | 45422 Mülheim an der Ruhr | www.verlagruhr.de | ISBN 978-3-8346-0453-8

Karten für Verbentreffen – Verbkarten

lachen	machen	sagen	fragen
hören	malen	schaffen	rechnen
hoffen	tanzen	grüßen	telefonieren
spielen	schicken	klatschen	verreisen
zeichnen	arbeiten	krachen	hüpfen
stampfen	rutschen	stolpern	legen
tauchen	tauschen	tasten	stapeln
bauen	schauen	suchen	brummen
erklären	antworten	küssen	verstecken

© Verlag an der Ruhr | Postfach 10 22 51 | 45422 Mülheim an der Ruhr | www.verlagruhr.de | ISBN 978-3-8346-0453-8

Karten für Verbentreffen – alle Tempora – Personalformkarten

1. Pers. Sing. Präsens	2. Pers. Sing. Präsens	3. Pers. Sing. Präsens	1. Pers. Pl. Präsens
2. Pers. Pl. Präsens	3. Pers. Pl. Präsens	1. Pers. Sing. Präteritum	2. Pers. Sing. Präteritum
3. Pers. Sing. Präteritum	1. Pers. Pl. Präteritum	2. Pers. Pl. Präteritum	3. Pers. Pl. Präteritum
1. Pers. Sing. Perfekt	2. Pers. Sing. Perfekt	3. Pers. Sing. Perfekt	1. Pers. Pl. Perfekt
2. Pers. Pl. Perfekt	3. Pers. Pl. Perfekt	1. Pers. Sing. Futur	2. Pers. Sing. Futur
3. Pers. Sing. Futur	1. Pers. Pl. Futur	2. Pers. Pl. Futur	3. Pers. Pl. Futur
1. Pers. Sing. Plusquam- perfekt	2. Pers. Sing. Plusquam- perfekt	3. Pers. Sing. Plusquam- perfekt	1. Pers. Pl. Plusquam- perfekt
2. Pers. Pl. Plusquam- perfekt	3. Pers. Pl. Plusquam- perfekt	1. Pers. Sing. Perfekt	2. Pers. Sing. Futur
3. Pers. Sing. Präsens	1. Pers. Pl. Präteritum	2. Pers. Pl. Perfekt	3. Pers. Pl. Futur

© Verlag an der Ruhr | Postfach 10 22 51 | 45422 Mülheim an der Ruhr | www.verlagruhr.de | ISBN 978-3-8346-0453-8

Präteritum-Domino

Thema: Konjugation – Präteritum (starke Verben)

Klassenstufe: ab Klasse 5

Sozialform: Einzel-, Partner- oder Gruppenarbeit

Lernziel: Die Schüler sollen die Präteritumsformen verschiedener starker Verben kennenlernen.

Merksatz: **Manche Verben bilden die Form im Präteritum nicht mit dem Wortstamm und den Präteritumsendungen. Sie haben besondere Formen, die man auswendig lernen muss. Man nennt sie <u>starke Verben</u>.**

Vorbereitung: Das Materialblatt „Karten für Präteritum-Domino" (S. 19) wird kopiert, evtl. laminiert und auseinandergeschnitten.

Spielverlauf: **Variante a):** Einzelarbeit/Partnerarbeit:
Alle Karten werden auf den Tisch gelegt. Mit der Startkarte wird begonnen. Danach suchen die Schüler abwechselnd die jeweilige Anschlusskarte, bis alle Karten in einer Reihe liegen.

Variante b): Gruppenarbeit (3–5 Schüler):
Die Karten werden an die Schüler gleichmäßig verteilt. Die Startkarte wird als Erste abgelegt. Danach legen die Schüler die jeweiligen Anschlusskarten ab. Gewonnen hat, wer als Erster seine Karten komplett abgelegt hat.
Alternative: Um das Spiel spannender zu machen, kann vereinbart werden, dass nach dreimal Ablegen jeder Spieler von seinem rechten Nachbarn eine Karte ziehen darf. So werden die Karten „neu gemischt", und es steht nicht von vornherein fest, wer die letzte Karte ablegen muss.

Anmerkungen/ Hinweise/ Variationen: **Variante a)** eignet sich vor allem für die Wochenplanarbeit oder als quantitative Differenzierung.
Variante b) kann im normalen Unterricht, innerhalb einer Lerntheke oder während der Wochenplanarbeit eingesetzt werden.

© Verlag an der Ruhr | Postfach 10 22 51 | 45422 Mülheim an der Ruhr | www.verlagruhr.de | ISBN 978-3-8346-0453-8

Karten für Präteritum-Domino

START	ich gehe	ich ging	du nimmst
du nahmst	sie geben	sie gaben	ich rufe
ich rief	wir nehmen	wir nahmen	er singt
er sang	sie waschen	sie wuschen	sie gewinnt
sie gewann	ihr sitzt	ihr saßt	er tritt
er trat	wir schneiden	wir schnitten	du stehst
du standest	er lügt	er log	sie treffen
sie trafen	sie verliert	sie verlor	wir reiten
wir ritten	ihr bittet	ihr batet	sie schleichen
sie schlichen	ich gieße	ich goss	ENDE

© Verlag an der Ruhr | Postfach 10 22 51 | 45422 Mülheim an der Ruhr | www.verlagruhr.de | ISBN 978-3-8346-0453-8

Schülerduell

Thema: Konjugation – Perfekt/Plusquamperfekt

Klassenstufe: ab Klasse 5

Sozialform: Plenum

Lernziel: Die Schüler sollen die Perfektformen/Plusquamperfektformen verschiedener Verben bilden und benennen können.

Merksatz: **Die Verbformen im Perfekt/Plusquamperfekt werden mit dem Hilfsverb haben/hatten gebildet.**

Perfekt:
Ich habe gelacht, du hast gelacht, er/sie/es hat gelacht, wir haben gelacht, ihr habt gelacht, sie haben gelacht.

Plusquamperfekt:
ich hatte gelacht, du hattest gelacht, er/sie/es hatte gelacht, wir hatten gelacht, ihr hattet gelacht, sie hatten gelacht.

Vorbereitung: keine

Spielverlauf: Alle Schüler setzen sich mit dem Gesicht zum Lehrer auf ihren Tisch. Der Lehrer bestimmt einen Schüler, der sich einen Partner aussucht. Der Lehrer nennt entweder eine konjugierte Verbform im Perfekt/Plusquamperfekt (z.B. ich bin gegangen) oder die Personalform und das Verb, das die Schüler in die konjugierte Form setzen sollen (z.B. 3. Pers. Sing. Perfekt/Plusquamperfekt von lachen). Die beiden ausgesuchten Schüler versuchen, möglichst schnell zu antworten. Derjenige Schüler, der die richtige Antwort zuerst sagt, darf auf dem Tisch sitzen bleiben und sich einen neuen Partner aussuchen. Der Schüler, der falsch oder später geantwortet hat, muss sich auf seinen Stuhl setzen. Gewonnen hat der Schüler, der als Letzter noch auf dem Tisch sitzt. Geben beide Schüler die falsche Antwort, müssen sich beide setzen.

© Verlag an der Ruhr | Postfach 10 22 51 | 45422 Mülheim an der Ruhr | www.verlagruhr.de | ISBN 978-3-8346-0453-8

Sage mir, oh großer Zauberer ...

Thema: Konjugation – Futur

Klassenstufe: ab Klasse 5

Sozialform: Plenum

Lernziel: Die Schüler sollen die Futurformen von Verben bilden können.

Merksatz: **Die Verbformen in der Zukunft (Futur) werden mit dem Infinitiv und dem Hilfsverb „werden" gebildet.**
Ich werde gehen, du wirst gehen, er/sie/es wird gehen, wir werden gehen, ihr werdet gehen, sie werden gehen.

Vorbereitung: Die Klasse baut einen Stuhlkreis auf, der Lehrer stellt einen Ball (evtl. in Alufolie eingewickelt) bereit.

Spielverlauf: Die Klasse sitzt im Stuhlkreis. Der Lehrer erklärt das Vorgehen: Die Schüler sollen sich vorstellen, der Ball sei eine magische Kristallkugel. Ein großer Zauberer hält diese Kugel in den Händen und sagt einem voraus, was in der Zukunft sein wird. Dieser Zauberer ist aber sehr eingebildet, möchte mit „Oh, großer Zauberer" angesprochen werden und beantwortet immer nur eine Frage. Ein Schüler wirft den Ball einem anderen zu und formuliert dabei eine Aussage über sich im Präsens und stellt die Zauberfrage, z.B.: „Ich spiele gerne Theater. Sage mir, oh großer Zauberer, was sagt die Kristallkugel über mich?" Der angesprochene Schüler fängt den Ball, dreht ihn geheimnisvoll und antwortet als großer Zauberer: „Du wirst einmal als ein berühmter Schauspieler in Hollywood arbeiten." Danach formuliert er eine Aussage über sich und wirft den Ball weiter.
Wichtig: Die Formel „Sage mir, oh großer Zauberer, was sagt die Kristallkugel über mich?" muss immer genannt werden.

Anmerkungen/ Hinweise/ Variationen: Die Schüler können auch Aussagen über Mitschüler machen. Das kann das Spiel lustiger machen.

© Verlag an der Ruhr | Postfach 10 22 51 | 45422 Mülheim an der Ruhr | www.verlagruhr.de | ISBN 978-3-8346-0453-8

Stadt, Land, Fluss – einmal anders

Thema: Nomen – Definition

Klassenstufe: ab Klasse 5

Sozialform: Gruppenarbeit (3–5 Schüler)

Lernziel: Die Schüler sollen verschiedene Gruppen von Nomen kennenlernen.

Merksatz: **Wörter, die Gegenstände, Lebewesen, Vorgänge und Zustände bezeichnen, heißen Nomen (Namenwörter) oder Substantive. Sie können einen Artikel (Begleiter: der, die, das, ein, eine) bei sich haben und werden immer groß geschrieben.**

Vorbereitung: Die Spielvorlage „Stadt, Land, Fluss – einmal anders" (S. 23) wird kopiert.

Spielverlauf: Das Spiel wird wie das bekannte „Stadt, Land, Fluss" gespielt, allerdings mit den Kategorien „Gegenstand, Lebewesen, Vorgang, Zustand". Jeder Spieler erhält eine Spielvorlage.
Ein Spieler sagt laut „A" und buchstabiert danach leise das Alphabet.
Der Spieler, der links neben ihm sitzt, sagt irgendwann „Stopp".
Der Buchstabe, den der erste Spieler in diesem Moment leise sagt, ist für diese Runde ausgewählt.
Die Spieler suchen möglichst schnell nach Wörtern, die mit diesem Buchstaben beginnen. Der Spieler, der als Erster alle Spalten gefüllt hat, zählt bis 10 und ruft dann „Stopp".
Die Spieler lesen reihum ihre Antworten vor:
Hat ein Spieler eine Antwort, die sonst keiner hat, bekommt er 10 Punkte. Haben mehrere Spieler dieselbe Antwort, bekommen sie jeweils 5 Punkte.

Hat ein Spieler eine Spalte ausgefüllt, die bei allen anderen leer ist, bekommt er 20 Punkte.

Gewonnen hat der Spieler, der am Schluss die meisten Punkte hat.

© Verlag an der Ruhr | Postfach 10 22 51 | 45422 Mülheim an der Ruhr | www.verlagruhr.de | ISBN 978-3-8346-0453-8

Stadt, Land, Fluss – einmal anders

Wörter, die Gegenständen, Lebewesen, Vorgängen und Zuständen einen Namen geben, heißen Nomen (Namenwörter). Sie können einen Artikel (der, die, das) bei sich haben und werden immer groß geschrieben.

Gegenstände, z.B. Tisch, Haus, Buch	**Lebewesen,** z.B. Junge, Hase, Rose	**Vorgänge,** z.B. Hochzeit, Autofahrt	**Zustände,** z.B. Müdigkeit, Krankheit	**Punkte**

Punkteregel: verschiedene Wörter in einer Spalte: 10 Punkte, gleiches Wort: 5 Punkte, als Einziger ein Wort in dieser Spalte: 20 Punkte

© Verlag an der Ruhr | Postfach 10 22 51 | 45422 Mülheim an der Ruhr | **www.verlagruhr.de** | ISBN 978-3-8346-0453-8

Wer hat Recht?

Thema: Bestimmter und unbestimmter Artikel

Klassenstufe: ab Klasse 5

Sozialform: Plenum

Lernziel: Die Schüler sollen erkennen, welches Geschlecht ein Nomen hat.

Merksatz: **Ein Nomen hat ein grammatisches Geschlecht: es ist entweder männlich (maskulin), weiblich (feminin) oder sächlich (neutral). Der Artikel (Begleiter), der vor dem Nomen steht, zeigt das Geschlecht an:**
Männliches Nomen (Maskulinum): der Mann/ein Mann
Weibliches Nomen (Femininum): die Frau/eine Frau
Sächliches Nomen (Neutrum): das Buch/ein Buch

Achtung: Im Plural haben alle Nomen den Begleiter „die“:
die Männer, die Frauen, die Bücher.

Vorbereitung: Die Schüler stellen einen Stuhlkreis auf.

Spielverlauf: Der Lehrer nennt ein Nomen ohne Artikel.
Ist das Nomen männlich, stehen alle Schüler auf, die Schülerinnen bleiben sitzen.
Ist das Nomen weiblich, stehen alle Schülerinnen auf, die Schüler bleiben sitzen.
Ist das Nomen sächlich, bleiben alle Schüler sitzen.

Anmerkungen/ Hinweise/ Variationen: Um das Spiel spannender oder lustiger zu gestalten, können Schüler, die fälschlicherweise aufstehen oder sitzen bleiben, eine „Strafaufgabe“ erledigen, z.B.

- ✓ eine Runde den Stuhlkreis verlassen
- ✓ zehn Kniebeugen machen
- ✓ eine Runde um den Stuhlkreis rennen.

© Verlag an der Ruhr | Postfach 10 22 51 | 45422 Mülheim an der Ruhr | www.verlagruhr.de | ISBN 978-3-8346-0453-8

Teekessel

Thema: Ein Nomen – mehrere Bedeutungen

Klassenstufe: ab Klasse 5

Sozialform: Partnerarbeit oder Plenum

Lernziel: Die Schüler sollen erkennen, dass ein Nomen mehrere Bedeutungen haben kann.

Merksatz: **Ein Nomen kann mehrere Bedeutungen haben, die nichts miteinander zu tun haben.**

Vorbereitung: Der Lehrer schneidet die „Begriffskarten" (S. 27) aus und laminiert sie.

Spielverlauf:

a) Partnerarbeit:

Jeder Partner bekommt gleich viele Karten. Abwechselnd erklärt ein Partner dem anderen einen Teekessel-Begriff. Wird der Begriff erraten, erhält der Schüler die Karte. Gewonnen hat, wer die meisten Karten hat.

b) Plenum:

Der Lehrer zeigt zwei Schülern eine Begriffskarte.
Die Schüler erklären abwechselnd ihren Teekessel-Begriff, z.B. so: „Mein Teekessel hat ..."
Die anderen Schüler versuchen, den Begriff zu erraten. Wer den Begriff genannt hat, darf mit einem Wunschpartner den nächsten Teekessel erklären.

© Verlag an der Ruhr | Postfach 10 22 51 | 45422 Mülheim an der Ruhr | www.verlagruhr.de | ISBN 978-3-8346-0453-8

Teekessel – Begriffskarten

Bienenstich a) Kuchen b) Insektenstich	**Bank** a) Sitzmöbel b) Geldinstitut	**Brille** a) Sehhilfe b) Teil der Toilette	**Kiefer** a) Teil des Mundes b) Nadelbaum
Tor a) Tür b) Treffer beim Fußball	**Absatz** a) Teil eines Textes b) Teil eines Schuhs	**Karte** a) Teil eines Spiels b) Postkarte	**Bach** a) kleiner Fluss b) Komponist
Ball a) Spielgerät b) Tanzveranstaltung	**Kerze** a) Lichtquelle b) Turnübung	**Leuchte** a) Lampe b) intelligenter Mensch	**Birne** a) Obst b) Glühbirne
Eis a) Speiseeis b) gefrorenes Wasser	**Rolle** a) beim Theater b) Papierrolle	**Gericht** a) Mahlzeit b) Arbeitsplatz des Richters	**Flügel** a) Körperteil eines Vogels b) großes Klavier
Kreuz a) Symbol der Christen b) Rücken	**Löffel** a) Ohr von Hasen b) Besteck	**Mühle** a) Windmühle b) Spiel	**Pferdeschwanz** a) Teil des Pferdes b) Frisur
Rock a) Kleidungsstück b) Musikrichtung	**Schlange** a) Tier b) Warteschlange	**Schloss** a) Haus von Königen b) Türschloss	**Mutter** a) Elternteil b) Schraubenteil
Bruch a) Beinbruch b) Begriff in der Mathematik	**Nagel** a) Teil des Fingers b) Hilfsmittel zum Aufhängen	**Linse** a) Hülsenfrucht b) Teil des Auges	**Löwenzahn** a) Zahn des Tieres b) Blume
Spion a) Agent b) Guckloch in der Tür	**Tempo** a) Geschwindigkeit b) Taschentuch	**Zug** a) Eisenbahn b) Luftzug	**Surfen** a) Wellenreiten b) im Internet surfen

© Verlag an der Ruhr | Postfach 10 22 51 | 45422 Mülheim an der Ruhr | www.verlagruhr.de | ISBN 978-3-8346-0453-8

Teekessel – Menschen und Tiere

Verbinde die Teekesselerklärungen, und schreibe das gesuchte Teekesselwort dazu.

Bestimmte Hunderasse		Würstchensorte
Brötchen, das mit einer dicken Frikadelle belegt ist		Großer Nagel, den man zum Zelten braucht
Einwohner der Hauptstadt von Österreich		Eulenart
Teil, mit dem man ein Fahrzeug stoppen kann	Boxer	Insekt, das oft im Haus fliegt
Gebäck, das mit weißem Zuckerguss oder Schokolade überzogen ist		Teil einer Haarfrisur
Computerzubehör		Mit Marmelade gefüllter Krapfen
Teil des Waschbeckens		Sportlicher Mensch, der andere schlägt
Fisch, den man in Dosen eingelegt kaufen kann		Einwohner einer norddeutschen Großstadt
Kleines Pferd		Kleines Tier, das gerne von Katzen gefressen wird
Klebstoffmarke		Männliches Huhn
Einwohner der deutschen Hauptstadt		Insekt, das sticht
Krawattenersatz		Bewohner eines Kontinents

© Verlag an der Ruhr | Postfach 10 22 51 | 45422 Mülheim an der Ruhr | www.verlagruhr.de | ISBN 978-3-8346-0453-8

Wortkette

Thema: Zusammengesetzte Nomen (Nomen + Nomen)

Klassenstufe: ab Klasse 5

Sozialform: Gruppenarbeit oder im Plenum

Lernziel: Die Schüler sollen erkennen, dass man zwei oder mehrere Nomen zu einem neuen Nomen zusammensetzen kann.

Merksatz: **Aus zwei oder mehreren Nomen kann man neue Nomen bilden, indem man sie zusammensetzt. Manchmal muss man zwischen beide Nomen einen weiteren Buchstaben, das Fugenelement, setzen, zum Beispiel: Schiff + Glocke = Schiffsglocke, Sonne + Blume = Sonnenblume**

Vorbereitung: Die Schüler stellen einen Stuhlkreis auf.

Spielverlauf: Der erste Spieler nennt ein zusammengesetztes Nomen.
Der nächste Spieler bildet mit dem zweiten Teil des zusammengesetzten Nomen ein neues zusammengesetztes Nomen.
Beispiel: Spieler 1: Schlossgespenst, Spieler 2: Gespenstergeschichte, Spieler 3: Geschichtenerzähler usw.
Findet ein Spieler kein neues zusammengesetztes Nomen, scheidet er aus. Eine neue Wortkette wird begonnen. Das Spiel ist beendet, wenn nur noch ein Spieler übrig ist.

Anmerkungen/ Hinweise/ Variationen: Jeder Spieler hat vier Steine, Bonbons o.Ä. Kann er die Wortkette nicht fortführen, gibt er einen Stein ab. Er scheidet erst dann aus, wenn er keinen Stein mehr abgeben kann.

© Verlag an der Ruhr | Postfach 10 22 51 | 45422 Mülheim an der Ruhr | www.verlagruhr.de | ISBN 978-3-8346-0453-8

Zusammengesetzte Nomen: Mini-Wortketten

Nomen

Setze immer drei Wörter zu Mini-Wortketten zusammen.
Beispiel: Hand + Schuh = Handschuh,
Schuh + Schrank = Schuhschrank

Eisen **Kaffee** **Schloss** **Bahn** **Gespenst** **Ton**
Käse **Milch** **Tasse** **Kinder** **Brot** **Garten**
Tür
Hof **Fahrrad** **Klingel** **Zaun** **Scheibe**

Hand	Schuh	Schrank

Zusammengesetzte Nomen: Kuckuckseier

Nomen

Welche der Wörter sind nicht aus zwei Nomen zusammengesetzt?
Streiche sie durch.

Hochhaus **Maiglöckchen** **Sperrmüll** **Kugelschreiber**
Bienenhonig **Bademantel** **Tintenklecks** **Hörrohr**
Fahrradklingel **Kühlschrank** **Blumenstrauß** **Wettkampf**
Sonnenblume **Riesenrad** **Stinktier**
Spüllappen **Hasenstall**

© Verlag an der Ruhr | Postfach 10 22 51 | 45422 Mülheim an der Ruhr | www.verlagruhr.de | ISBN 978-3-8346-0453-8

Bandwurmwörter

Thema: Zusammengesetzte Nomen (aus verschiedenen Wörtern)

Klassenstufe: ab Klasse 5

Sozialform: Gruppenarbeit

Lernziel: Die Schüler sollen erkennen, dass man zusammengesetzte Nomen nicht nur aus zwei oder mehreren Nomen, sondern auch aus Nomen und anderen Wörtern bilden kann.

Merksatz: **Aus einem Nomen und einem beliebigen anderen Wort (Nomen, Adjektiv, Verb …) kann man neue Nomen zusammensetzen. Wenn man ganz viele Wörter zusammensetzt, bekommt man ein Bandwurmwort, z.B. Donau-dampf-schiff-fahrts-kapitäns-ausbildungs-leiter.**

Vorbereitung: keine

Spielverlauf: Die Schülergruppen sollen versuchen, in einer vorgegebenen Zeit möglichst lange zusammengesetzte Nomen zu finden. Gewonnen hat die Gruppe, deren zusammengesetztes Nomen
a) Sinn macht
b) die meisten Buchstaben hat.

Anmerkungen/ Hinweise/ Variationen: Umgekehrt können die Gruppen nun versuchen, in vorgegebener Zeit aus den Buchstaben des Bandwurmwortes so viele einzelne Wörter wie möglich zu bilden. Sie dürfen dazu ausschließlich die Buchstaben aus dem Bandwurmwort verwenden, diese aber in beliebiger Reihenfolge zusammensetzen. Gewonnen hat die Gruppe, die die meisten Wörter gebildet hat.

Beispiel:
Donaudampfschifffahrtskapitänsausbildungsleiter:
Donau, Dampf, Schiff, Schifffahrt …
aber auch: Schaf (aus Donaudampf**schif**ffahrtsk**a**pitäns-ausbildungsleiter)

© Verlag an der Ruhr | Postfach 10 22 51 | 45422 Mülheim an der Ruhr | www.verlagruhr.de | ISBN 978-3-8346-0453-8

Besondere Endungen

Hängt man an ein Wort oder einen Wortstamm die Endungen -heit, -keit, -nis, -ung, -schaft, -tum, -sal an, werden sie zu Nomen.

Bilde mit den Nomen, Verben und Adjektiven im Kasten und mit den Endungen in der Tabelle neue Nomen, und trage sie in die Tabelle ein.

trüb reich fröhlich eigen Helden
wohnen Meister dumm
schicken sparsam krank
verbessern leiden wagen
ersparen einsam
rein verstehen behindern

-heit	-keit	-nis	-ung	-schaft	-tum	-sal

© Verlag an der Ruhr | Postfach 10 22 51 | 45422 Mülheim an der Ruhr | www.verlagruhr.de | ISBN 978-3-8346-0453-8

Nomen-Activity®

Thema: Konkreta – Abstrakta

Klassenstufe: ab Klasse 6

Sozialform: Plenum

Lernziel: Die Schüler sollen zwischen Konkreta und Abstrakta unterscheiden können.

Merksatz: **Nomen kann man in zwei Gruppen einteilen:**
1. Konkreta: Dinge, die man malen kann (z.B. Hund, Haus, Auto)
2. Abstrakta: Dinge, die man nicht malen kann (z.B. Gefühle, Geräusche)

Vorbereitung: Die „Begriffskarten Nomen – Activity®“ (S. 33/34) werden kopiert, evtl. laminiert, und ausgeschnitten.
Der Lehrer hält eine Eieruhr oder Stoppuhr bereit.

Spielverlauf: Die Klasse wird in zwei Gruppen geteilt. Aus jeder Gruppe werden zwei Schüler ausgesucht, die als Maler und Erklärer an die Tafel kommen. Das Schülerpaar legt fest, wer malt und wer erklärt.
Der Lehrer zeigt dem ersten Schülerpaar nacheinander jeweils eine Begriffskarte. Das Schülerpaar entscheidet, ob es sich um ein Nomen aus der Gruppe Konkreta oder Abstrakta handelt. Ein Konkretum zeichnet der Maler an die Tafel, ein Abstraktum umschreibt der Erklärer. Die Gruppe versucht, den Begriff zu erraten. Ist der Begriff erraten, zeigt der Lehrer eine neue Begriffskarte. Jede Gruppe hat eine Minute Zeit. Die erratenen Begriffe werden dann gezählt. Daraufhin ist die andere Gruppe dran. Es wird solange gespielt, bis keine Begriffskarten übrig sind. Gewonnen hat die Gruppe, die am meisten Begriffe erraten hat.

© Verlag an der Ruhr | Postfach 10 22 51 | 45422 Mülheim an der Ruhr | www.verlagruhr.de | ISBN 978-3-8346-0453-8

Begriffskarten Nomen-Activity®: Konkreta

Herz	**Hand**	**Haus**	**Hund**	**Wolke**
Sonne	**Bild**	**Haare**	**Badewanne**	**Stift**
Blume	**Wellen**	**Mantel**	**Augen**	**Buch**
Auto	**Hase**	**Krokodil**	**Baum**	**Brille**
Schaukel	**Hose**	**Wecker**	**Teller**	**Tasse**
Burg	**Roller**	**Koffer**	**Wurst**	**Stiefel**
Tanne	**Glocke**	**Ei**	**Fernseher**	**Mütze**
Zug	**Arm**	**Korb**	**Mond**	**Fuß**
Glas	**Handtuch**	**Apfel**	**Tomate**	**Flasche**
Pizza	**Spitzer**	**Lineal**	**Leiter**	**Pinsel**
Tiger	**Vogel**	**Maus**	**Clown**	**Handy**

© Verlag an der Ruhr | Postfach 10 22 51 | 45422 Mülheim an der Ruhr | www.verlagruhr.de | ISBN 978-3-8346-0453-8

Begriffskarten Nomen-Activity®: Abstrakta

Liebe	Wut	Eifersucht	Freude	Wind
Rache	Schönheit	Wissen	Gedächtnis	Seele
Schmerz	Glauben	Geheimnis	Gedanke	Frage
Musik	Geräusch	Talent	Moment	Minute
Stunde	Tag	Jahr	Ewigkeit	Langeweile
Zorn	Angst	Trauer	Wärme	Kälte
Müdigkeit	Kribbeln	Erfolg	Strafe	Sehnsucht
Genuss	Übelkeit	Sucht	Blindheit	Taubheit

© Verlag an der Ruhr | Postfach 10 22 51 | 45422 Mülheim an der Ruhr | www.verlagruhr.de | ISBN 978-3-8346-0453-8

Ich sehe was, was du nicht siehst

Thema: Deklination Genitiv

Klassenstufe: ab Klasse 6

Sozialform: Plenum oder Partnerarbeit/Kleingruppenarbeit

Lernziel: Die Schüler sollen die Genitivform von Nomen bilden können.

Merksatz: **Wenn man die Frage „Wessen?" stellt, bekommt man als Antwort ein Nomen im Genitiv. Zum Beispiel: Wessen Kind spielt im Garten? Das Kind der Nachbarin. Wessen Schnur ist rot? Die Schnur des Drachens.**

Vorbereitung: keine

Spielverlauf: Ein Schüler schaut sich im Zimmer um, sucht sich einen Gegenstand aus und beschreibt diesen (z.B. „Ich sehe was, was du nicht siehst, und das ist blau ...").
Die anderen Schüler versuchen, zu erraten, welcher Gegenstand gemeint ist, und stellen ihre Fragen dabei so, dass eine Genitivform darin vorkommt. Sie melden sich, werden vom erklärenden Schüler aufgerufen und fragen: „Meinst du die Jacke des Simon/den Rahmen des Bildes?" usw.
Wichtig ist, den Schülern vor Spielbeginn durch ein paar Beispiele (am besten schriftlich an der Tafel festgehalten) zu erklären, wie sie ihre Gegenstände aussuchen und ihre Fragen stellen sollen, damit Genitivformen gebildet werden können.

Anmerkungen/ Hinweise/ Variation: Das Spiel sollte zunächst im Plenum gespielt werden, da vielen Schülern die Bildung von Genitivformen schwerfällt. Später kann es dann, z.B. als Zusatzaufgabe oder innerhalb der Wochenplanarbeit, zu zweit oder in kleinen Gruppen gespielt werden.

© Verlag an der Ruhr | Postfach 10 22 51 | 45422 Mülheim an der Ruhr | www.verlagruhr.de | ISBN 978-3-8346-0453-8

Genitiv

1. Frage nach dem Genitiv, und bilde die Genitivform wie im Beispiel.
2. Finde drei weitere Sätze, und trage sie auf dem Arbeitsblatt ein.

Der Türgriff ist golden. – Wessen Griff ist golden? Der Griff der Tür.

Das Loch der Nase ist groß.

Die Haustür steht offen.

Die Hundeleine liegt auf dem Boden.

Das Vogelnest ist hoch oben im Baum.

Die Eisenbahnwaggons sind bunt angemalt.

Die Paketschnur hat zwei feste Knoten.

© Verlag an der Ruhr | Postfach 10 22 51 | 45422 Mülheim an der Ruhr | www.verlagruhr.de | ISBN 978-3-8346-0453-8

Stille Post mit neuen Regeln

Thema: Deklination Dativ und Akkusativ

Klassenstufe: ab Klasse 6

Sozialform: Plenum

Lernziel: Die Schüler sollen Dativ- und Akkusativformen bilden können.

Merksatz: **Auf die Frage „Wem?“ erhält man als Antwort ein Nomen im Dativ, auf die Frage „Wen oder was?“ ein Nomen im Akkusativ. Beispiel: Tina gibt dem Hund einen Knochen. Wem gibt Tina einen Knochen? Dem Hund (Dativ). Wen oder was gibt Tina dem Hund? Einen Knochen (Akkusativ).**

Vorbereitung: keine

Spielverlauf: Der erste Spieler flüstert seinem linken Nachbarn (zweiter Spieler) eine Person und die Verbform „gibt“ ins Ohr (z.B. Vera gibt).
Der zweite ergänzt den Satz um das Dativ-Objekt und flüstert ihn seinem linken Nachbarn (dritter Spieler) ins Ohr (z.B. Vera gibt Erik).
Der dritte Nachbar vollendet den Satz, indem er ein Akkusativ-Objekt anhängt und den vollständigen Satz seinem linken Nachbarn (vierter Spieler) ins Ohr flüstert (z.B. Vera gibt Erik einen Kuss.).
Der vollständige Satz wird weitergeflüstert bis zum letzten Spieler, der ihn laut sagt. Die nächste Runde beginnt beim zweiten Spieler.

Anmerkungen/ Hinweise/ Variation: Das Spiel kann man schriftlich auch zu dritt spielen: Jeder Spieler bekommt ein leeres Blatt Papier und schreibt den Satzanfang (Vera gibt) auf. Danach faltet er das Blatt so, dass der Satzanfang auf der Rückseite steht, und gibt das Blatt an seinen linken Nachbarn weiter. Nun schreiben alle Spieler ein Dativ-Objekt auf, falten das Blatt nach hinten und geben es weiter. Als Letztes schreiben die Spieler ein Akkusativ-Objekt auf, falten das Blatt erneut und geben es weiter. Der Spieler, der den Satz begonnen hat, liest nun den kompletten Satz laut vor.

© Verlag an der Ruhr | Postfach 10 22 51 | 45422 Mülheim an der Ruhr | www.verlagruhr.de | ISBN 978-3-8346-0453-8

Wer ist so wie ich?

Thema: Adjektive – Definition

Klassenstufe: ab Klasse 5

Sozialform: Plenum

Lernziel: Die Schüler sollen Dinge benennen, die durch ein bestimmtes Adjektiv beschrieben werden können.

Merksatz: **Ein Adjektiv gibt an, wie eine Sache ist. Es wird auch Eigenschaftswort genannt.**

Vorbereitung: Pro Spieler wird ein kleiner Zettel und ein Klebestreifen benötigt.

Spielverlauf: Jeder Spieler schreibt verdeckt auf einen kleinen Zettel ein Adjektiv und klebt den Zettel seinem Nachbarn mit einem Klebestreifen an die Stirn. Die Spieler laufen im Zimmer herum und befragen sich gegenseitig: „Wer ist so wie ich?" Der gefragte Schüler antwortet z.B. beim Adjektiv „rot": „Ein Herz ist so wie du." Meint ein Spieler, zu wissen, welches Adjektiv er darstellt, darf er fragen: „Bin ich ...?"
Hat ein Spieler sein Adjektiv erraten, nimmt er seine Karte ab und setzt sich auf seinen Platz. Das Spiel ist beendet, wenn alle Spieler auf ihrem Platz sitzen.

© Verlag an der Ruhr | Postfach 10 22 51 | 45422 Mülheim an der Ruhr | www.verlagruhr.de | ISBN 978-3-8346-0453-8

Dingsda®

Thema: Mit Adjektiven beschreiben

Klassenstufe: ab Klasse 5

Sozialform: Partnerarbeit

Lernziel: Die Schüler sollen nur mit Adjektiven eine Sache beschreiben.

Merksatz: **Ein Adjektiv gibt an, wie eine Sache ist. Es wird auch Eigenschaftswort genannt.**

Vorbereitung: Der Lehrer kopiert das Materialblatt „Dingsda®" (S. 40) für alle Schüler.

Spielverlauf: Jedes Schülerpaar erhält das Materialblatt. Es wird in der Mitte gefaltet, sodass jeder Schüler nur seine Seite sehen kann. Abwechselnd beschreiben die Schüler dem Partner eine Sache, die auf ihrem Teil des Blattes steht. Sie dürfen zur Beschreibung nur Adjektive verwenden. Beispiel „Tafel": „Mein Dingsda ist rechteckig, groß, grün, zum Teil kariert."

© Verlag an der Ruhr | Postfach 10 22 51 | 45422 Mülheim an der Ruhr | www.verlagruhr.de | ISBN 978-3-8346-0453-8

Apfel Herz Baum

Fenster Maus Ampel

Schnee Käse Tomate

Beschreibe deinem Partner diese Gegenstände.
Verwende zur Beschreibung nur Adjektive.
Beispiel „Tafel“: „Mein Dingsda ist groß, grün, rechteckig,
zum Teil kariert.“

Adjektive

Dingsda®

Bitte hier knicken

Dingsda®

Adjektive

Beschreibe deinem Partner diese Gegenstände.
Verwende zur Beschreibung nur Adjektive.
Beispiel „Tafel“: „Mein Dingsda ist groß, grün, rechteckig, zum Teil kariert.“

Banane **Meer** **Zitrone**

Rose **Milch** **Sonne**

Auto **Elefant** **Ei**

© Verlag an der Ruhr | Postfach 10 22 51 | 45422 Mülheim an der Ruhr | www.verlagruhr.de | ISBN 978-3-8346-0453-8

Gegensatz-Memory®

Thema: Gegensätze

Klassenstufe: ab Klasse 5

Lernziel: Die Schüler sollen Adjektivpaare finden, die Gegensätze bilden.

Sozialform: Partnerarbeit oder Gruppenarbeit

Merksatz: **Zu vielen Adjektiven gibt es ein passendes Adjektiv, das genau das Gegenteil beschreibt. Manchmal wird das Gegensatzadjektiv durch die Vorsilbe un- gebildet.**

Vorbereitung: Der Lehrer kopiert das Materialblatt „Gegensatz-Memory®" (S. 42) auf farbiges Tonpapier. Der Lehrer oder die Schüler schneiden die Memory®-Karten zurecht. Diese können auch vorher laminiert werden. **Tipp:** Bekommt jeder Schüler einen Satz Memory®-Karten, sollten sie diese auf der Rückseite mit ihren Initialen versehen und sie in einem Briefumschlag aufbewahren.

Spielverlauf: Die Karten werden verdeckt auf dem Tisch ausgebreitet. Jeder Spieler darf abwechselnd zwei Karten aufdecken. Gehören sie zusammen, darf er sie behalten und ein weiteres Mal zwei Karten aufdecken. Gewonnen hat, wer am Ende die meisten Paare besitzt.

Anmerkungen/ Hinweise/ Variationen: Das Spiel kann innerhalb des Wochenplanes gespielt werden. Die Karten können von den Schülern um weitere Gegensatzpaare ergänzt werden.

© Verlag an der Ruhr | Postfach 10 22 51 | 45422 Mülheim an der Ruhr | www.verlagruhr.de | ISBN 978-3-8346-0453-8

Gegensatz-Memory®-Karten

groß	klein	dick	dünn
leise	laut	langsam	schnell
fröhlich	traurig	nett	böse
jung	alt	hell	dunkel
kalt	heiß	faul	fleißig
dumm	klug	hübsch	hässlich
offen	geschlossen	teuer	billig
komisch	unkomisch	freundlich	unfreundlich
gut	schlecht	barmherzig	unbarmherzig
fein	unfein	höflich	unhöflich

© Verlag an der Ruhr | Postfach 10 22 51 | 45422 Mülheim an der Ruhr | www.verlagruhr.de | ISBN 978-3-8346-0453-8

Komparativ-Fangen

Thema: Steigerung – Positiv und Komparativ

Klassenstufe: ab Klasse 5

Sozialform: Plenum

Lernziel: Die Schüler sollen zu vorgegebenen Adjektiven die Komparativform und einen passenden Satz bilden.

Merksatz: **Mit Adjektiven kann man Dinge vergleichen – Adjektive kann man steigern. Die Grundform nennt man Positiv, die erste Vergleichsform Komparativ.**
Beispiel: schön (Positiv) – schöner (Komparativ).

Vorbereitung: keine

Spielverlauf: Es wird am besten im Freien oder in der Turnhalle gespielt. Der Lehrer bestimmt zwei bis vier Fänger (je nach Größe der Klasse). Diese Fänger bekommen ein sichtbares Zeichen (z.B. ein Band o.Ä.), das sie als Fänger ausweist. Die Fänger versuchen, die Mitschüler zu fangen. Berührt der Fänger einen Mitschüler, bleiben beide stehen. Der Fänger nennt einen Satz, in dem ein Adjektiv im Positiv vorkommt (z.B.: Das Haus ist groß.). Der gefangene Schüler hat nun fünf Sekunden Zeit, einen sinnvollen Satz zu formulieren, in dem das vorgegebene Adjektiv in den Komparativ gesetzt wird (z.B.: Der Wolkenkratzer ist größer.). Kann der gefangene Schüler keinen Satz formulieren, ist der Satz unsinnig oder die Komparativform falsch, muss er stehen bleiben, ansonsten darf er weiterrennen. Das Spiel ist beendet, wenn alle Schüler gefangen sind.

© Verlag an der Ruhr | Postfach 10 22 51 | 45422 Mülheim an der Ruhr | www.verlagruhr.de | ISBN 978-3-8346-0453-8

Meinungsumfrage

Thema: Steigerung – Superlativ

Klassenstufe: ab Klasse 5

Sozialform: Plenum

Lernziel: Die Schüler sollen die Superlativform von Adjektiven bilden.

Merksatz: **Die zweite Vergleichsstufe eines Adjektivs heißt Superlativ.**
Beispiel: schön (Positiv) – am schönsten (Superlativ)

Vorbereitung: Der Lehrer stellt einen Ball (oder ein Wollknäuel) bereit. Die Schüler stellen einen Stuhlkreis auf.

Spielverlauf: Ein Schüler wirft einem anderen Schüler den Ball zu und stellt dabei eine Frage, die ein Adjektiv im Superlativ beinhalten muss.
Beispielfragen:
- ✓ Welchen Star findest du am besten?
- ✓ In welcher Sportart bist du der Größte?
- ✓ Welches Fach findest du am langweiligsten?
- ✓ Wen findest du am schönsten?

Der Schüler, der den Ball fängt, beantwortet die Frage („Ich mag Handball am liebsten."), wirft den Ball zu einem anderen Mitschüler und stellt diesem eine Frage.

Anmerkungen/ Hinweise/ Variation: Im Vorfeld können mögliche Fragen gesammelt und an die Tafel geschrieben werden.

© Verlag an der Ruhr | Postfach 10 22 51 | 45422 Mülheim an der Ruhr | www.verlagruhr.de | ISBN 978-3-8346-0453-8

Endungen würfeln

Thema: Adjektivendungen

Klassenstufe: ab Klasse 5

Sozialform: Partner- oder Gruppenarbeit

Lernziel: Die Schüler setzen Wortteile von Adjektiven und deren Endung zusammen und lernen so, Adjektive anhand ihrer Endung zu erkennen.

Merksatz: **Adjektive erkennt man oft an ihrer Endung. Die häufigsten Endungen sind -ig, -isch, -lich, -bar, -haft, -sam, -los.**

Vorbereitung: Der Lehrer kopiert das „Spielfeld Endungen würfeln" (S. 47) und die „Würfelvorlage" (S. 46) einmal pro Gruppe. Die Schüler bauen den Würfel zusammen (dünne Pappe unterkleben, damit er stabil wird!) und einigen sich darauf, wer welche Farbe für das Spiel benutzt.

Spielverlauf: Der erste Spieler würfelt und erhält eine oder zwei Endungen. Er sucht auf dem Spielplan ein Wortteil eines Adjektivs, zu dem die Endung passt, und malt dieses Feld in seiner Farbe an. Beispiel: Der Schüler hat die Endung „-lich" gewürfelt. Er malt das Feld „fröh-" in seiner Farbe an. Gewonnen hat, wer am Ende die meisten Felder in seiner Farbe angemalt hat.

© Verlag an der Ruhr | Postfach 10 22 51 | 45422 Mülheim an der Ruhr | www.verlagruhr.de | ISBN 978-3-8346-0453-8

Spielfeld Endungen würfeln

ulk- witz- durst- lust- nöt- gier-

lächer- geduld- vermeid- energ-

männ- flüss-

niedr- töd- heim-

käuf- egoist- wähler- höf- schlaf-

mittelmäß- natür- erreich- ehr- mög-

typ- humor- frucht- ein- furcht-

nied- schreck-

fröh- wunder- traum-

sinn- bos- lach- schmack-

lust- einfühl-

sonder- bedeut- geschmack- takt- tier-

© Verlag an der Ruhr | Postfach 10 22 51 | 45422 Mülheim an der Ruhr | www.verlagruhr.de | ISBN 978-3-8346-0453-8

Würfelvorlage Endungen würfeln

1. Schneide den Würfel aus.
2. Knicke die Klebestreifen um, und klebe den Würfel zusammen.

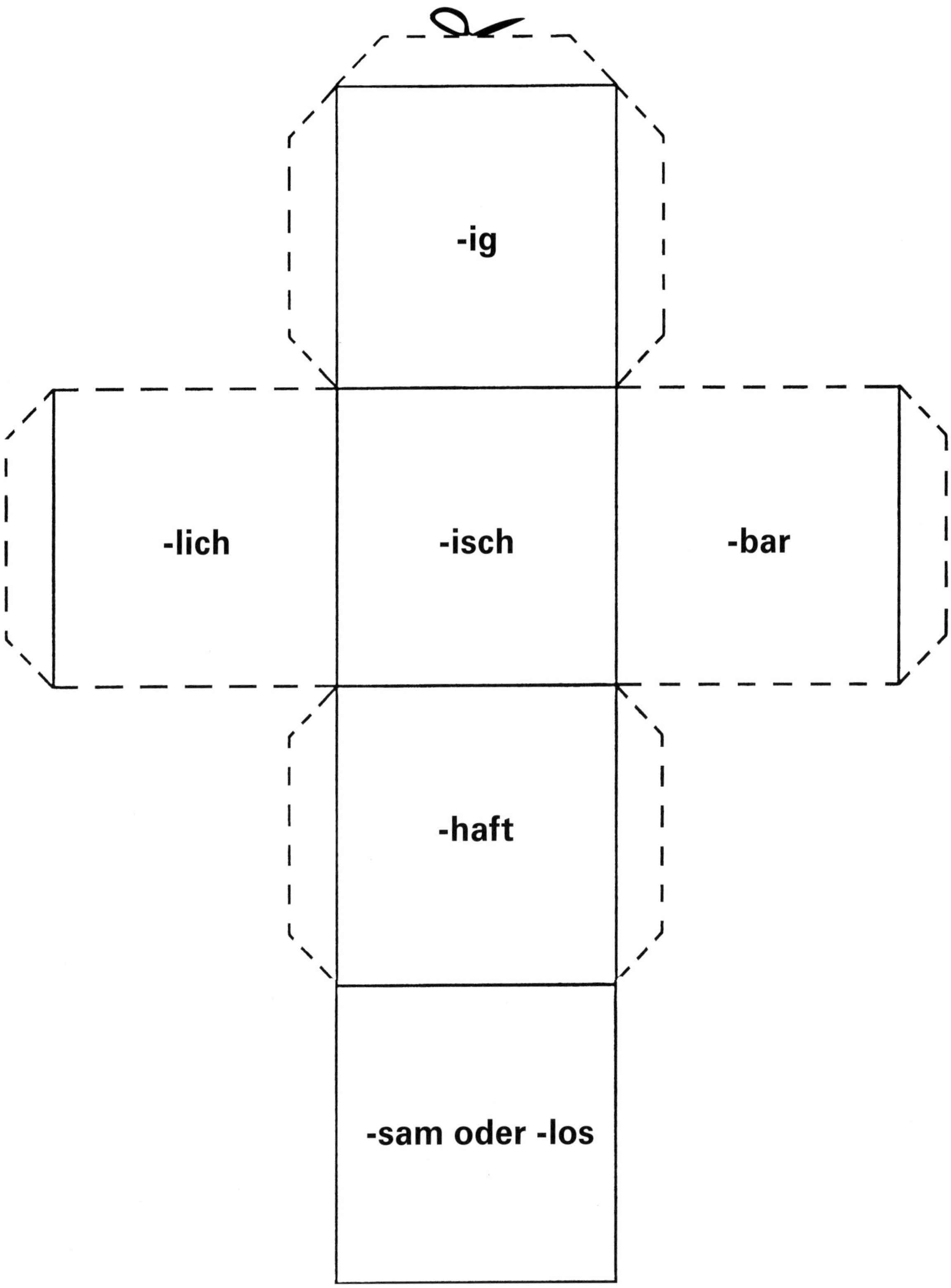

© Verlag an der Ruhr | Postfach 10 22 51 | 45422 Mülheim an der Ruhr | www.verlagruhr.de | ISBN 978-3-8346-0453-8

Nomen-Adjektiv-Suche

Thema: Von Nomen abgeleitete Adjektive

Klassenstufe: ab Klasse 5

Sozialform: Gruppenarbeit (3–4 Schüler pro Gruppe)

Lernziel: Die Schüler sollen erkennen, dass Adjektive aus Nomen abgeleitet werden können, indem an die Nomen eine passende Endung angehängt wird.

Merksatz: **Adjektive kann man aus Nomen bilden, indem man das Adjektiv mit einer passenden Endung verbindet.**

Vorbereitung: Der Lehrer kopiert die Kartenvorlage „Nomen-Adjektiv-Suche" (S. 49) einmal für jede Gruppe, laminiert sie und schneidet die Karten auseinander.

Spielverlauf: Alle Karten werden an die Schüler gleichmäßig verteilt. Sie nehmen die Karten verdeckt auf die Hand. Der erste Schüler darf einen beliebigen Schüler fragen, ob er eine zu seiner Karte passende Karte hat.

Beispiel: Der Schüler hat die Karte „Stein" und sucht nun die Karte „steinig": Er fragt: „Peter, hast du die Karte ‚steinig'?"

Wenn der angesprochene Schüler die Karte hat, muss er sie abgeben. Der erste Schüler legt sein Paar ab. Der befragte Schüler darf als Nächstes einen anderen Schüler fragen. Gewonnen hat derjenige, der am Ende die meisten Paare gesammelt hat.

© Verlag an der Ruhr | Postfach 10 22 51 | 45422 Mülheim an der Ruhr | www.verlagruhr.de | ISBN 978-3-8346-0453-8

Nomen-Adjektiv-Suche

Stein	steinig	Sinn	sinnlos
Herz	herzlich	Wunder	wunderbar
Wind	windig	Glück	glücklich
Neid	neidisch	Gier	gierig
Geiz	geizig	Traum	traumhaft
Kind	kindisch/ kindlich	Lust	lustig
Wahnsinn	wahnsinnig	Furcht	furchtbar
Tier	tierisch	Typ	typisch
Durst	durstig	Freund	freundlich
Feind	feindlich	Mensch	menschlich

© Verlag an der Ruhr | Postfach 10 22 51 | 45422 Mülheim an der Ruhr | www.verlagruhr.de | ISBN 978-3-8346-0453-8

Angeber gesucht!

Thema: Zusammengesetzte Adjektive

Klassenstufe: ab Klasse 5

Sozialform: Plenum

Lernziel: Die Schüler sollen die Wirkung von Adjektiven durch Zusammensetzung mit Nomen verstärken.

Merksatz: **Die Wirkung mancher Adjektive kann verstärkt werden, indem man aus dem Adjektiv und einem Nomen, einer Verbform oder einem anderen Adjektiv ein neues Adjektiv bildet: z.B. kalt + Eis = eiskalt, krank + sterben = sterbenskrank, kalt + bitter = bitterkalt**

Vorbereitung: keine

Spielverlauf: Die Klasse wird in zwei Gruppen aufgeteilt. Die Schüler jeder Gruppe stellen sich in einer Reihe hintereinander auf. Beide Gruppen stehen nebeneinander, mit dem Gesicht zum Lehrer.
Der Lehrer nennt das erste Adjektiv auf der Liste. Die beiden Schüler, die an vorderster Stelle stehen, versuchen, ein zusammengesetztes Adjektiv zu bilden. Der Schüler, der dies als Erster schafft, stellt sich ans Ende seiner Gruppe, der andere Schüler setzt sich. Das Spiel ist zu Ende, wenn es in einer Gruppe keinen Schüler mehr gibt.

Anmerkungen/ Hinweise/ Variation: Man kann auch zwei oder drei Schüler gegeneinander antreten lassen: Die Schüler stellen sich nebeneinander, ungefähr drei Meter vom Lehrer entfernt, auf. Der Lehrer nennt ein Adjektiv, der schnellste Schüler geht einen Schritt auf den Lehrer zu. Gewonnen hat der Schüler, der als Erster beim Lehrer ankommt.

© Verlag an der Ruhr | Postfach 10 22 51 | 45422 Mülheim an der Ruhr | www.verlagruhr.de | ISBN 978-3-8346-0453-8

Angeber gesucht! – Adjektivliste

kalt	eiskalt, bitterkalt
gelb	zitronengelb, goldgelb, sonnengelb
süß	zuckersüß, honigsüß
groß	riesengroß
scharf	messerscharf, haarscharf
jung	blutjung
klein	klitzeklein
alt	steinalt
grau	mausgrau
blass	leichenblass
still	mucksmäuschenstill, totenstill
doof	strohdoof
rot	blutrot, feuerrot
gesund	kerngesund
blau	stahlblau, himmelblau
weiß	schneeweiß
interessant	hochinteressant
hart	steinhart, eisenhart
arm	bettelarm
klar	glasklar
krank	sterbenskrank, todkrank
elend	hundeelend
weich	butterweich, samtweich
rein	lupenrein
grün	grasgrün
lang	elendlang, stundenlang
langweilig	sterbenslangweilig
reich	steinreich

© Verlag an der Ruhr | Postfach 10 22 51 | 45422 Mülheim an der Ruhr | www.verlagruhr.de | ISBN 978-3-8346-0453-8

Wer? – Wie? – Was?

Thema: Einfache Hauptsätze

Klassenstufe: ab Klasse 5

Sozialform: Partnerarbeit

Lernziel: Die Schüler sollen einfache Hauptsätze bilden können.

Merksatz: **Ein Satz besteht mindestens aus einem Subjekt (Wer tut etwas?) und einem Prädikat (Was tut jemand?).**
Beispiel: Das Kind (Subjekt) lacht (Prädikat).
Bei manchen Prädikaten braucht man noch ein Objekt, damit der Satz vollständig ist: Nach einem Objekt im Akkusativ fragt man: Wen oder was? Beispiel: Der Mann (S) liebt (P) die Frau (Akkusativobjekt) Nach einem Objekt im Dativ fragt man: Wem? Beispiel: Der Schüler (S) antwortet (P) dem Lehrer (Dativobjekt).

Vorbereitung: Der Lehrer kopiert für jeden Schüler das Materialblatt „Wer? – Wie? – Was?“ (S. 53).

Spiel: Das Spiel funktioniert ähnlich wie das bekannte „Schiffe versenken“: Jeder Spieler trägt zunächst in seinen Plan (Spielfeld 1) drei sinnvolle Sätze ein. Dies muss so geschehen, dass der Partner das Blatt nicht einsehen kann. Durch Befragen versuchen die Partner nun, die Sätze des anderen zu erraten. Die erratenen Satzteile werden in das Spielfeld 2 eingetragen. Gewonnen hat derjenige, der zuerst alle drei Sätze erraten hat.

© Verlag an der Ruhr | Postfach 10 22 51 | 45422 Mülheim an der Ruhr | www.verlagruhr.de | ISBN 978-3-8346-0453-8

Wer? – Wie? – Was?

Spielregeln:

1. **Legt eure Blätter so hin, dass der Partner nicht reinschauen kann.**
2. **Schreibt ins Spielfeld 1 drei sinnvolle Sätze, z.B. Der Hund frisst Fleisch.**
3. **Befragt euch abwechselnd, um herauszubekommen, welche Sätze der Partner aufgeschrieben hat:**
   Beispiel: Ist das Subjekt ein Tier/ein Mensch/eine Sache? Ist das Prädikat eine Tätigkeit, die das Subjekt immer/gerne macht? usw.

Spielfeld 1 (Meine Sätze):

WER? (Subjekt)	**MACHT (Prädikat)**	**WAS? (Objekt)** Wen oder was? (Akkusativ) Wem? (Dativ)

Spielfeld 2 (Die Sätze meines Partners):

WER? (Subjekt)	**MACHT (Prädikat)**	**WAS? (Objekt)** Wen oder was? (Akkusativ) Wem? (Dativ)

© Verlag an der Ruhr | Postfach 10 22 51 | 45422 Mülheim an der Ruhr | www.verlagruhr.de | ISBN 978-3-8346-0453-8

Aussage- und Fragesatz-Domino

Thema: Aussage- und Fragesätze

Klassenstufe: ab Klasse 5

Sozialform: Einzel- oder Partnerarbeit

Lernziel: Die Schüler sollen erkennen, dass eine Antwort auf eine Frage unterschiedlich ausfallen kann, je nachdem, welches Wort im Satz betont wird.

Merksatz: **Auf einen Fragesatz kann es verschiedene Antwortsätze geben. Welcher Antwortsatz passt, hängt davon ab, welches Wort im Fragesatz betont gesprochen wird.**
Beispiel: Frisst der Hund das Fleisch?
1.) <u>Frisst</u> der Hund das Fleisch? – Nein, er lässt es liegen.
2.) Frisst <u>der Hund</u> das Fleisch? – Nein, das Fleisch ist für die Katze bestimmt.
3.) Frisst der Hund <u>das Fleisch?</u> – Nein, er bekommt ein anderes Futter.

Vorbereitung: Der Lehrer kopiert und laminiert das Materialblatt „Aussage- und Fragesatz-Domino: Dominokarten" (S. 55), er schneidet die Dominokarten aus. Bei laminierten Karten sollte ein wasserlöslicher Folienstift bereitgelegt werden. Die Lösung wird kopiert und bereitgelegt.

Spielverlauf: **a) Einzelarbeit:**
Ein Schüler beginnt mit der Karte, auf der ANFANG steht. Er liest den Fragesatz und sucht nach einer passenden Antwort. Die Antwortkarte legt er neben die erste Karte. Die letzte Karte ist die Karte, auf der ENDE steht. Nachdem alle Karten liegen, unterstreicht der Schüler die in den Fragesätzen betonten Wörter. Abschließend vergleicht der Schüler seine Kartenreihe mit der Lösung.

b) Partnerarbeit:
Die Schüler suchen abwechselnd nach der nächsten Karte und unterstreichen auch abwechselnd die betonten Worte. Beide Partner kontrollieren dabei, ob der andere alles richtig gemacht hat.

© Verlag an der Ruhr | Postfach 10 22 51 | 45422 Mülheim an der Ruhr | www.verlagruhr.de | ISBN 978-3-8346-0453-8

Aussage- und Fragesatz-Domino: Dominokarten

ANFANG	Gehst du nach Hause?
Nein, Anna steht vor der Tür.	Machst du schon eine Ausbildung?
Nein, Tom ist älter.	Hast du heute Geburtstag?
Nein, ich nehme den Bus.	Ist Anna am Telefon?
Nein, Sonja hat heute Geburtstag.	ENDE
Nein, Lisa ist dran.	Hast du heute Geburtstag?

Nein, das Buch noch nicht.	Gehst du nach Hause?
Ich habe es noch nicht zu Ende gelesen.	Ist Anna am Telefon?
Nein, erst morgen.	Hast du das Buch schon gelesen?
Nein, ich gehe zur Schule.	Ist Tim älter?
Nein, ich gehe noch zur Schule.	Ist Tim älter?
Nein, Tim ist jünger.	Hast du das Buch schon gelesen?

© Verlag an der Ruhr | Postfach 10 22 51 | 45422 Mülheim an der Ruhr | www.verlagruhr.de | ISBN 978-3-8346-0453-8

Flaschendrehen

Thema: Sätze bilden I

Klassenstufe: ab Klasse 5

Sozialform: Plenum

Lernziel: Die Schüler sollen Aussage-, Frage- und Aufforderungssätze bilden.

Merksatz: **Hauptsätze kommen in drei verschiedenen Formen vor:**
Ein Aussagesatz sagt, wie etwas ist oder was jemand tut, und endet mit einem Punkt.
Beispiel: Hans gibt Franz die Hand.
Ein Fragesatz stellt eine Frage und endet mit einem Fragezeichen.
Beispiel: Gibt Hans Franz die Hand?
Mit einem Aufforderungssatz wird jemand aufgefordert, etwas zu tun. Er endet mit einem Ausrufezeichen.
Beispiel: Hans, gib Franz die Hand!

Vorbereitung: Die Schüler stellen einen Stuhlkreis auf. Der Lehrer legt eine Flasche in die Mitte.

Spielverlauf: Der erste Schüler bestimmt, ob eine Aussage über ihn gemacht werden soll („Mache eine Aussage über mich!"), ihm eine Frage gestellt werden soll („Stelle mir eine Frage!") oder er zu etwas aufgefordert werden soll („Fordere mich auf!"). Er dreht die Flasche auf dem Boden. Die Flasche zeigt auf Schüler 2. Dieser formuliert eine Aussage über Schüler 1, stellt ihm eine Frage oder fordert ihn zu etwas auf. Schüler 1 antwortet oder führt aus, wozu er aufgefordert wurde, Schüler 2 fährt mit dem Spiel fort.

Beispiel:

Schüler 1: „Stelle mir eine Frage!" Die Flasche zeigt auf Schüler 2.
Schüler 2: „Isst du lieber Pizza oder Pommes?"
Schüler 1: „Ich esse lieber Pizza."
Schüler 2: „Fordere mich zu etwas auf!" Die Flasche zeigt auf Schüler 3.
Schüler 3: „Hüpfe auf einem Bein, und krähe wie ein Hahn." usw.

© Verlag an der Ruhr | Postfach 10 22 51 | 45422 Mülheim an der Ruhr | www.verlagruhr.de | ISBN 978-3-8346-0453-8

Satz stellen

Thema: Sätze bilden II

Klassenstufe: ab Klasse 5

Sozialform: Plenum

Lernziel: Die Schüler sollen aus vorgegebenen Wörtern Aussage-, Frage- und Aufforderungssätze bilden.

Merksatz: **Hauptsätze kommen in drei verschiedenen Formen vor:**
Ein Aussagesatz sagt, wie etwas ist oder was jemand tut, und endet mit einem Punkt.
Beispiel: Hans gibt Franz die Hand.
Ein Fragesatz stellt eine Frage und endet mit einem Fragezeichen.
Beispiel: Gibt Hans Franz die Hand?
Mit einem Aufforderungssatz wird jemand aufgefordert, etwas zu tun. Er endet mit einem Ausrufezeichen.
Beispiel: Hans, gib Franz die Hand!

Vorbereitung: Das Materialblatt „Karten für ‚Satz stellen'" (S. 58) wird 2x groß kopiert, die Karten werden ausgeschnitten.

Spielverlauf: Die Klasse wird in Gruppen zu jeweils vier Schülern eingeteilt. Jede Gruppe sucht sich einen Platz im Klassenzimmer und erhält einen Umschlag. Der Lehrer nennt eine Satzart und die einzelnen Wörter, die im Satz vorkommen sollen. Alle Gruppen versuchen so schnell wie möglich, die Wörter im Umschlag zu finden und sich so aufzustellen, dass der vom Lehrer gewünschte Satz entsteht. Jeder Schüler hält dabei eine Wortkarte in der Hand. Die Gruppe, die als Erste fertig ist, ruft „Stopp!". Jeder Schüler liest seine Wortkarte vor. Achtung: Verben, Nomen und Artikel müssen ggf. angepasst werden!
Die Karten werden wieder in den Umschlag gesteckt, und der Lehrer nennt den nächsten Satz. Die Gruppe, die die meisten Sätze als Erste richtig gebildet hat, hat gewonnen.

© Verlag an der Ruhr | Postfach 10 22 51 | 45422 Mülheim an der Ruhr | www.verlagruhr.de | ISBN 978-3-8346-0453-8

Karten für „Satz stellen“

Tom	geben	Hund	Knochen
Oma	erzählen	Lisa	Geschichte
Lehrer	stellen	Schüler	Frage
Postbote	bringen	mir	Brief
Jungen	spielen	oft	Fußball
Katzen	jagen	gerne	Mäuse
Touristen	knipsen	Fotos	von Sehens-würdigkeiten
Friseur	schneiden	Kunden	Haare
Zauberer	verraten	Kinder	Zaubertrick
.	?	!	

© Verlag an der Ruhr | Postfach 10 22 51 | 45422 Mülheim an der Ruhr | www.verlagruhr.de | ISBN 978-3-8346-0453-8

Konjunktionen würfeln

Thema: Haupt- und Nebensätze mit Konjunktionen

Klassenstufe: ab Klasse 6

Sozialform: Partner- oder Gruppenarbeit

Lernziel: Die Schüler sollen Nebensätze mit vorgegebenen Hauptsätzen durch Konjunktionen verbinden.

Merksatz: **Ein Hauptsatz kann durch einen Nebensatz näher bestimmt werden. Hauptsätze und Nebensätze werden oft durch die Konjunktionen weil, wenn, obwohl, um … zu, indem, sodass, nachdem/bevor miteinander verbunden.**

Vorbereitung: Die Würfelvorlage „Konjunktionen würfeln" (S. 60) wird für jede Gruppe kopiert und auf Pappe aufgeklebt, die Schüler bauen die Würfel zusammen.

Spielverlauf: Der erste Spieler formuliert einen beliebigen Satz.
Der zweite Spieler (der linke Nachbar) würfelt eine Konjunktion und fügt an den vorgegebenen Hauptsatz einen Nebensatz mit der gewürfelten Konjunktion an.
Beispiel:
Spieler 1 sagt: „Der Hund frisst sein Futter."
Spieler 2 würfelt „obwohl" und sagt: „Der Hund frisst sein Futter, obwohl er keinen Hunger hat."

Anmerkungen/ Hinweise/ Variation: Die Schüler können die Sätze, die sie formulieren, aufschreiben und sie anschließend vorlesen.

© Verlag an der Ruhr | Postfach 10 22 51 | 45422 Mülheim an der Ruhr | www.verlagruhr.de | ISBN 978-3-8346-0453-8

Würfel für „Konjunktionen würfeln“

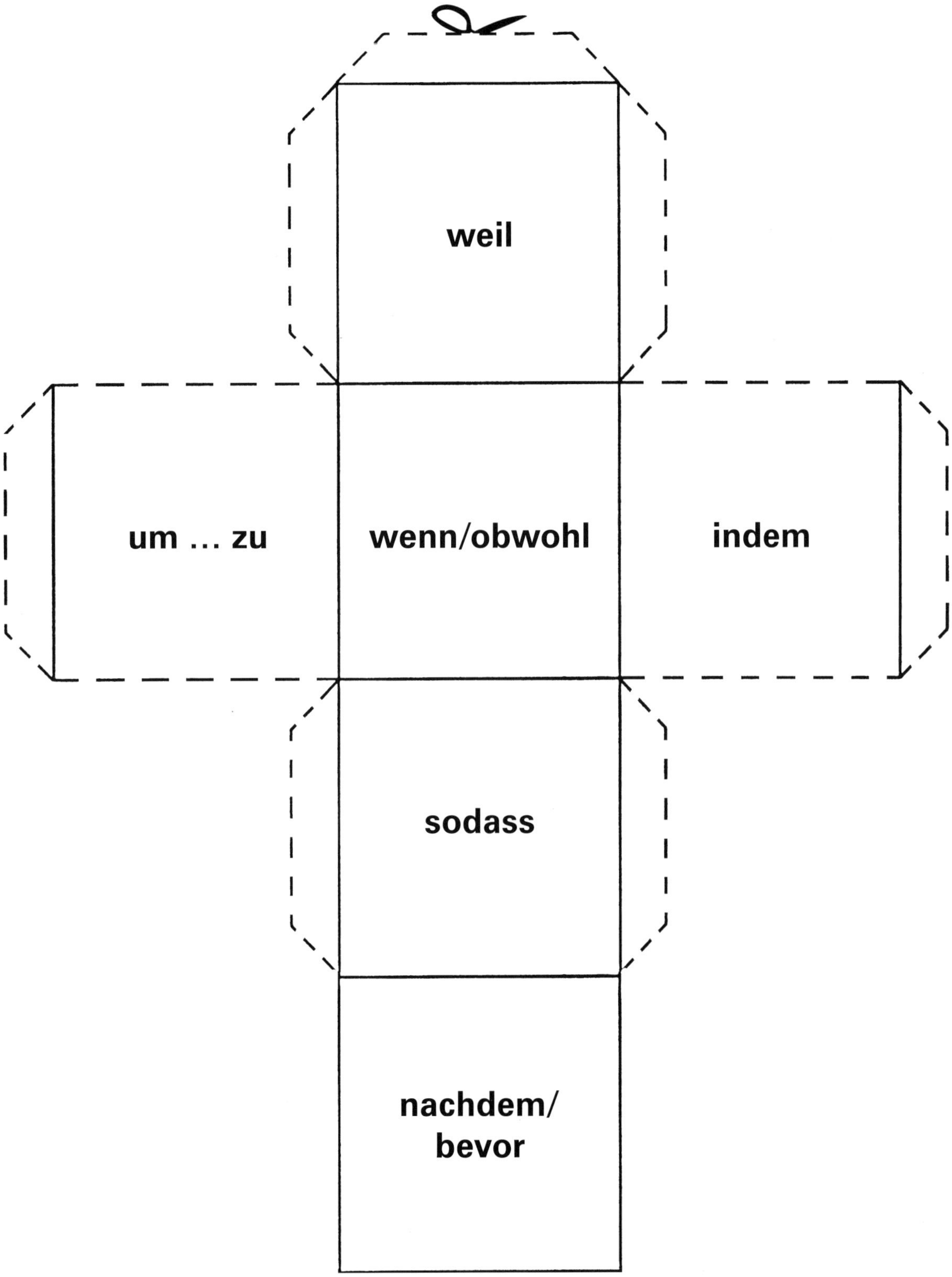

© Verlag an der Ruhr | Postfach 10 22 51 | 45422 Mülheim an der Ruhr | www.verlagruhr.de | ISBN 978-3-8346-0453-8

Haupt- und Nebensätze mit Konjunktionen

Nebensätze, die mit Konjunktionen an Hauptsätze gebunden werden, bestimmen einen Hauptsatz näher.

Konjunktion	Frage	Art des Nebensatzes
weil	Warum?	kausal (Grund)
um … zu/damit	Wozu?	final (Zweck)
falls/wenn	Unter welcher Bedingung?	konditional (Bedingung)
sodass	Mit welcher Folge?	konsekutiv (Folge)
obwohl	Trotz welchen Hindernisses?	konzessiv (Gegengrund)
nachdem/bevor	Wann?	temporal (Zeit)
indem	Wie?	modal (Art und Weise)

Ergänze die Tabelle: Finde passende Nebensätze, und bestimme, um welche Art des Nebensatzes es sich handelt.

Hauptsatz	Nebensatz	Art des Nebensatzes
Mir ist kalt,	obwohl ich warm angezogen bin.	konzessiv
Ich freue mich auf die Ferien,	weil wir dann nach Italien fahren.	
Ich gebe dir 5 Euro,	damit du uns eine Limonade kaufst.	
Die Katze jagt die Maus,		kausal
Wir könnten morgen baden gehen,		konditional
Tim ruft Marc an,	nachdem er zu Hause angekommen ist.	
Lisa macht ihre Hausaufgaben,		konzessiv
Sven übt jeden Tag 3 Stunden Klavier,		final
Meine Brille ist dreckig,		konsekutiv
Der dicke Mann macht sich schlanker,	indem er den Bauch einzieht.	
Beim Volleyballspiel strengen sich alle an,	um zu gewinnen.	

© Verlag an der Ruhr | Postfach 10 22 51 | 45422 Mülheim an der Ruhr | www.verlagruhr.de | ISBN 978-3-8346-0453-8

Lösungen (1/4)

Imperativ (S. 11)

	Imperativ (Singular)	Imperativ (Plural)
lachen	**lache**	**lacht**
schreiben	**schreibe**	**schreibt**
singen	**singe**	**singt**
backen	**backe**	**backt**
rechnen	**rechne**	**rechnet**
finden	**finde**	**findet**
malen	**male**	**malt**
gehen	**gehe**	**geht**
hören	**höre**	**hört**
fahren	**fahre**	**fahrt**
tanzen	**tanze**	**tanzt**
leben	**lebe**	**lebt**
raten	**rate**	**ratet**
kaufen	**kaufe**	**kauft**
springen	**springe**	**springt**
spielen	**spiele**	**spielt**
hoffen	**hoffe**	**hofft**
schlafen	**schlafe**	**schlaft**
freuen	**freue**	**freut**

Imperativformen bei Verben mit Vorsilben (S. 12)

Setze dich bitte hin!
Gib ihm doch nach!
Lasse mich sofort los!
Schaue mich nicht so an!
Schreibe den Hausmeister heute noch an!
Räume heute noch dein Zimmer auf!
Kaufe noch ein Matheheft ein!
Streiche die falsche Lösung weg!
Fahre an der Einfahrt vorbei!
Gehe endlich rein!
Wirf den Pullover runter!
Fange das Kaninchen sofort wieder ein!

© Verlag an der Ruhr | Postfach 10 22 51 | 45422 Mülheim an der Ruhr | www.verlagruhr.de | ISBN 978-3-8346-0453-8

Lösungen (2/4)

Teekessel – Menschen und Tiere (S. 27)

Bestimmte Hunderasse (Boxer)	Würstchensorte (Wiener)
Brötchen, das mit einer dicken Frikadelle belegt ist (Hamburger)	Großer Nagel, den man zum Zelten braucht (Hering)
Einwohner der Hauptstadt von Österreich (Wiener)	Eulenart (Uhu)
Teil, mit dem man ein Fahrzeug stoppen kann (Bremse)	Insekt, das oft im Haus fliegt (Fliege)
Gebäck, mit weißem Zuckerguss (Amerikaner)	Teil einer Haarfrisur (Pony)
Computerzubehör (Maus)	Mit Marmelade gefüllter Krapfen (Berliner)
Teil des Waschbeckens (Hahn)	Sportlicher Mensch, der andere schlägt (Boxer)
Fisch, den man in Dosen eingelegt kaufen kann (Hering)	Einwohner einer norddeutschen Großstadt (Hamburger)
Kleines Pferd (Pony)	Kleines Tier, das gerne von Katzen gefressen wird (Maus)
Klebstoffmarke (Uhu)	Männliches Huhn (Hahn)
Einwohner der deutschen Hauptstadt (Berliner)	Insekt, das sticht (Bremse)
Krawattenersatz (Fliege)	Bewohner eines Kontinents (Amerikaner)

© Verlag an der Ruhr | Postfach 10 22 51 | 45422 Mülheim an der Ruhr | www.verlagruhr.de | ISBN 978-3-8346-0453-8

Lösungen (3/4)

Zusammengesetzte Nomen (S. 29)

Mini-Wortketten:
Tür – Schloss – Gespenst,
Käse – Brot – Scheibe,
Milch – Kaffee – Tasse,
Fahrrad – Klingel – Ton,
Eisen – Bahn – Hof,
Kinder – Garten – Zaun

Kuckuckseier:
Hochhaus, Bademantel, Kühlschrank, Spüllappen, Sperrmüll, Stinktier, Hörrohr

Besondere Endungen (S. 31)

-heit: Krankheit, Dummheit, Reinheit
-keit: Fröhlichkeit, Sparsamkeit, Einsamkeit
-nis: Wagnis, Ersparnis, Verständnis
-ung: Wohnung, Verbesserung, Behinderung
-schaft: Meisterschaft, Leidenschaft, Eigenschaft
-tum: Reichtum, Eigentum, Heldentum
-sal: Trübsal, Schicksal

Genitiv (S. 36)

1. Wessen Loch ist groß? Das Loch der Nase.
   Wessen Tür steht offen? Die Tür des Hauses.
   Wessen Leine liegt auf dem Boden? Die Leine des Hundes.
   Wessen Nest ist hoch oben im Baum? Das Nest des Vogels.
   Wessen Waggons sind bunt angemalt? Die Waggons der Eisenbahn.
   Wessen Schnur hat zwei feste Knoten? Die Schnur des Pakets.

Endungen würfeln (S. 46/47)

-ig: ulk-, witz-, nöt-, geduld-, durst-, lust-, mittelmäß-, gier-, niedr-, flüss-
-isch: typ-, tier-, energ-, egoist-, wähler-
-lich: fröh-, höf-, ehr-, heim-, mög-, natür-, käuf-, töd-, lächer-, männ-, nied-
-bar: furcht-, erreich-, vermeid-, frucht-, sonder-, wunder-
-haft: bos-, traum-, lach-, schreck-, schmack-
-sam oder -los: ein-, einfühl-, bedeut-, lust-, takt-, schlaf-, sinn-, humor-
geschmack-

© Verlag an der Ruhr | Postfach 10 22 51 | 45422 Mülheim an der Ruhr | www.verlagruhr.de | ISBN 978-3-8346-0453-8

Lösungen (4/4)

Aussage- und Fragesatz-Domino (S. 55)

Anfang
Gehst du nach Hause? – Nein, ich nehme den Bus.
Ist Anna am Telefon? – Nein, Anna steht vor der Tür.
Machst du schon eine Ausbildung? – Nein, ich gehe noch zur Schule.
Ist Tim älter? – Nein, Tom ist älter.
Hast du heute Geburtstag? Nein, erst morgen.
Hast du das Buch schon gelesen? – Nein, das Buch noch nicht.
Gehst du nach Hause? – Nein, ich gehe zur Schule.
Ist Tim älter? – Nein, Tim ist jünger.
Hast du das Buch schon gelesen? – Ich habe es noch nicht zu Ende gelesen.
Ist Anna am Telefon? – Nein, Lisa ist dran.
Hast du heute Geburtstag? – Nein, Sonja hat heute Geburtstag.
Ende

Haupt- und Nebensätze mit Konjunktionen (S. 61)

Hauptsatz	Nebensatz	Art des Nebensatzes
Mir ist kalt,	obwohl ich warm angezogen bin.	konzessiv
Ich freue mich auf die Ferien,	weil wir dann nach Italien fahren.	**kausal**
Ich gebe dir 5 Euro,	damit du uns eine Limonade kaufst.	**final**
Die Katze jagt die Maus,	**weil sie Hunger hat.**	kausal
Wir könnten morgen baden gehen,	**wenn das Wetter bis dahin besser wird.**	konditional
Tim ruft Marc an,	nachdem er zu Hause angekommen ist.	**temporal**
Lisa macht ihre Hausaufgaben,	**obwohl sie sich nicht gut fühlt.**	konzessiv
Sven übt jeden Tag 3 Stunden Klavier,	**damit er beim Konzert keinen Fehler macht.**	final
Meine Brille ist dreckig,	**sodass ich alles nur verschwommen sehe.**	konsekutiv
Der dicke Mann macht sich schlanker,	indem er den Bauch einzieht.	**modal**
Beim Volleyballspiel strengen sich alle an,	um zu gewinnen.	**final**

© Verlag an der Ruhr | Postfach 10 22 51 | 45422 Mülheim an der Ruhr | www.verlagruhr.de | ISBN 978-3-8346-0453-8

Literatur- und Linktipps

Literaturtipps

Esser, Rolf:
Arbeitsblätter Grammatik für die Sek I.
Mülheim an der Ruhr, 2003.
ISBN 978-3-8607-2622-8

Esser, Rolf:
Arbeitsblätter Satzbau für die Sek I.
Mülheim an der Ruhr, 2005.
ISBN 978-3-8346-0024-0

Groth, Birte:
Subjekt – Prädikat – Objekt.
10 Lernspiele zur Satzbauanalyse.
Mülheim an der Ruhr, 2004.
ISBN 978-3-8607-2882-6

Hecker, Ulrich; Küppers, Henry; Schutte, Trudi:
Das große Wortarten Poster.
Mülheim an der Ruhr, 2008.
ISBN 978-3-83460-368-5

Heckmann, Hennes; Metzger, Ulrich; Maier, Manfred:
Rechtschreibung, Zeichensetzung und Grammatik. Arbeitsheft.
Stuttgart, 2007.
ISBN 978-3-12-803804-9

Lanig, Jonas:
Bessere Chancen für alle durch individuelle Förderung. Die besten Methoden.
Mülheim an der Ruhr, 2008.
ISBN 978-3-8346-0831-4

Piel, Alexandra:
Sprache(n) lernen mit Methode.
170 Sprachspiele für den Deutsch- und Fremdsprachenunterricht.
Mülheim an der Ruhr, 2002.
ISBN 978-3-8607-2740-9

Wittschier, Karola; Wittschier, Michael:
Grammatik mit Bewegung.
30 Grammatik-Spiele zum besseren Lernen.
Mülheim an der Ruhr, 2003.
ISBN 978-3-8607-2768-3

Linktipps*

www.canoo.net
Deutsches Online-Wörterbuch.

www.grammatiktraining.de
Online-Übungen zu den wichtigsten Themen der deutschen Grammatik.

www.mittelschulvorbereitung.ch
Auf dieser Webseite gibt es über 750 Arbeitsblätter zu Themen wie Zeichensetzung (Kommaregeln), Silbentrennung und Wortarten.

www.mein-deutschbuch.de
Das Internetportal bietet ein umfangreiches Nachschlagewerk der deutschen Grammatik, Verblisten, Diktate und Übungen. Speziell auch für Deutsch als Fremdsprache.

* Die in diesem Werk angegebenen Internetadressen haben wir geprüft (September 2011). Da sich Internetadressen und deren Inhalte schnell verändern können, ist nicht auszuschließen, dass unter einer Adresse inzwischen ein ganz anderer Inhalt angeboten wird. Wir können daher für die angegebenen Internetseiten keine Verantwortung übernehmen.

Verlag an der Ruhr

Keiner darf zurückbleiben

Informationen und Blick ins Buch unter
www.verlagruhr.de

Unterrichten mit dem Flipped-Classroom-Konzept
Das Handbuch für individualisiertes und selbstständiges Lernen mit neuen Medien
Kl. 5–13, 152 S., 17 x 24 cm
Best.-Nr. 978-3-8346-2508-3

Flipped-Classroom-Material
Balladen
Individualisiertes und selbstständiges Lernen mit neuen Medien
Kl. 7, CD m. digitaler Unterrichtseinh., m. Arbeitsbl. u. Lehrvideos, 24 S. Booklet
Best.-Nr. 978-3-8346-2516-8

Flipped-Classroom-Material
Mehrstufige Zufallsversuche
Individualisiertes und selbstständiges Lernen mit neuen Medien
Kl. 9–10, CD m. digitaler Unterrichtseinh., m. Arbeitsbl. u. Lehrvideos, 24 S. Booklet
Best.-Nr. 978-3-8346-2519-9

Die große Spielesammlung für Schule und Jugendarbeit
300 Ideen für große und kleine Gruppen
Kl. 1–13, 248 S., 17 x 24 cm
Best.-Nr. 978-3-8346-2634-9

Ich – Du – Wir alle!
33 Spiele für soziales Kompetenztraining
Kl. 5–10, 88 S., 16 x 23 cm
Best.-Nr. 978-3-8346-0569-6

Ganz verschieden ... und doch ein Team
100 Spiele für soziales Lernen in Regel- und Inklusionsklassen
Kl. 4–13, 248 S., 16 x 23 cm
Best.-Nr. 978-3-8346-2287-7

Bühne frei für alle
Methoden für Improvisation und Theater in Schule und Freizeit
Kl. 1–13, 152 S., 17 x 24 cm
Best.-Nr. 978-3-8346-2340-9

Konflikte selber lösen
Trainingshandbuch für Mediation und Konfliktmanagement in Schule und Jugendarbeit
Kl. 5–11, 208 S., A4
Best.-Nr. 978-3-8346-0526-9

Eine Schule für alle
Inklusion umsetzen in der Sekundarstufe
Kl. 5–13, 359 S., 16 x 23 cm, farbig, mit bearbeitbaren Vorlagen zum Download
Best.-Nr. 978-3-8346-0891-8

Ratgeber Inklusion
Gemeinsam besser unterrichten
Teamteaching im inklusiven Klassenzimmer
Kl. 1–10, 125 S., 17 x 24 cm, mit bearbeitbaren Vorlagen zum Download
Best.-Nr. 978-3-8346-2510-6

Ratgeber Inklusion
Classroom-Management im inklusiven Klassenzimmer
Verhaltensauffälligkeiten: vorbeugen und angemessen reagieren
Kl. 5–10, 183 S., 17 x 24 cm, mit bearbeitbaren Vorlagen zum Download
Best.-Nr. 978-3-8346-2326-3

Besondere Schüler – Was tun?
Rund um den Förderschwerpunkt emotionale und soziale Entwicklung
Hintergrundinformationen – Fallbeispiele – Strategien
Kl. 1–10, 136 S., 17 x 24 cm
Best.-Nr. 978-3-8346-2614-1

Verlag an der Ruhr

Keiner darf zurückbleiben

Informationen und Blick ins Buch unter
www.verlagruhr.de

Mehr Motivation und Abwechslung im Unterricht
99 Methoden zur Schüleraktivierung
Kl. 5–13, 144 S., 17 x 24 cm, mit bearbeitbaren Vorlagen zum Download
Best.-Nr. 978-3-8346-2328-7

Das erste Mal ... im Lehrerberuf
Die wichtigsten Herausforderungen sicher meistern
Kl. 1–13, 166 S., 17 x 24 cm
Best.-Nr. 978-3-8346-2389-8

YoBEKA – Yoga, Bewegung, Entspannung, Konzentration, Achtsamkeit
Übungsmodule für die Sekundarstufe
Kl. 5–13, 144 S., A4
Best.-Nr. 978-3-8346-2530-4

Cool down!
Entspannungs- und Konzentrationsübungen im Schulalltag
Kl. 5–13, 136 S., 16 x 23 cm
Best.-Nr. 978-3-8346-0661-7

Wie Sie Ihre Pappenheimer im Griff haben
Verhaltensmanagement in der Klasse
Kl. 1–13, 292 S., 16 x 23 cm
Best.-Nr. 978-3-8346-0756-0

„Unsere Tochter nimmt nicht am Schwimmunterricht teil!"
50 religiös-kulturelle Konfliktfälle in der Schule und wie man ihnen begegnet
Kl. 1–13, 192 S., 16 x 23 cm, zweifarbig
Best.-Nr. 978-3-8346-0969-4

111 Ideen für das 5. Schuljahr
Vom Kennenlernspiel bis zur richtigen Heftführung
Kl. 5, 184 S., 16 x 23 cm
Best.-Nr. 978-3-8346-0892-5

In heterogenen Klassen alle erreichen
Strategien für motivierenden Unterricht und nachhaltigen Lernerfolg
Kl. 5–13, 264 S., 17 x 24 cm, mit bearbeitbaren Vorlagen zum Download
Best.-Nr. 978-3-8346-2615-8

An der Brennpunktschule – was nun?
Best-Practice-Beispiele für den Umgang mit besonderen Herausforderungen
Kl. 5–10, 168 S., 17 x 24 cm
Best.-Nr. 978-3-8346-2616-5

Zeitmanagement im Lehrerberuf
Effektive Strategien für einen organisierten (Schul-)Alltag
Kl. 1–13, 144 S., 17 x 24 cm
Best.-Nr. 978-3-8346-2509-0

Schnelles Eingreifen bei Mobbing
Strategien für die Praxis
Kl. 1–13, 128 S., 16 x 23 cm
Best.-Nr. 978-3-8346-0450-7

Das interaktive Whiteboard im Klassenzimmer – und jetzt?
Informationen und Einsatzmöglichkeiten
Kl. 1–13, 99 S., 16 x 23 cm, farbig
Best.-Nr. 978-3-8346-0901-4